成龙成凤"成"在家教

爱孩子 有原则无条件

金 波 编著

中国书籍出版社
China Book Press

图书在版编目（CIP）数据

爱孩子，有原则，无条件 / 金波编著 . – 北京：
中国书籍出版社，2014.9
ISBN 978-7-5068-4419-2

Ⅰ . ①爱… Ⅱ . ①金… Ⅲ . ①家庭教育 Ⅳ . ① G78

中国版本图书馆 CIP 数据核字（2014）第 210208 号

爱孩子，有原则，无条件

金波　编著

策划编辑　尚东海　武　斌
丛书统筹　尹全生　成晓春
责任编辑　牛　超
特约编辑　李新慧
责任印制　孙马飞　马　芝
封面设计　欧阳永华
出版发行　中国书籍出版社
地　　址　北京市丰台区三路居路 97 号（邮编：100073）
电　　话　（010）52257143（总编室）　（010）52257140（发行部）
电子邮箱　eo@chinabp.com.cn
经　　销　全国新华书店
印　　刷　北京一鑫印务有限公司
开　　本　710 毫米 ×1000 毫米　1/16
字　　数　240 千字
印　　张　13.5
版　　次　2013 年 12 月第 1 版　　2018 年 7 月第 2 次印刷
书　　号　ISBN 978-7-5068-4419-2
定　　价　26.00 元

前言

在教育孩子的过程中，许多父母都面临着这样的困惑：自己对孩子宠爱有加，孩子却没有按自己的愿望长大成人，反而成为自己的“冤家对头”，到处给自己惹是生非。回想自己当初的“爱”，父母们痛定思痛：“都是我们娇惯的结果!”

是啊，爱孩子是每一位父母都会做的。但是我们都要扪心自问：我们爱孩子爱得正确吗？爱孩子讲原则了吗？如果我们不了解“爱”的真正含义，如果我们对孩子的“爱”既没有原则也没有底线，那么我们的爱实际上就变成了“害”。

爱孩子，就要摆正“爱”的正确位置。在一个家庭中，上有老人，下有儿女，中间是做父母的。在这些成员中，到底谁的地位最高、谁的地位最低呢？要回答好这个问题，许多父母心里并没有底。而在他们的潜意识中，其实就是把孩子摆在了爱的最高位置。有的父母把孩子当做自己的命，甚至认为自己就是为了孩子而活的。为了孩子，有的父母牺牲了自己的事业、时间、娱乐、爱人，甚至幸福和健康。他们把青春、事业、容貌、健康都当做牺牲品想换取孩子的成长。结果，却发现自己的孩子越来越“不争气”。

顽劣的孩子，多是这样被家庭娇纵或疏于管理“培养”出来的。由于父母对孩子的溺爱成习，以至于孩子犯了错，没有及时受到惩戒，孩子理所当然地认为可以继续“犯”下去。时间长了，他们就不再认为自己做的错事是错误的，反而习以为常。正是父母们的错爱，才把孩子培养成了“逆子”。所以，爱孩子是本能，会爱孩子才是能力。如何传递给孩子正能量，让孩子在爱的氛围中成长、成才？用一句话表达——爱孩子，有原则，无条件。

本书围绕热门话题，通过案例展示"爱"和"教育"的最佳结合点和最佳契机，帮助父母，特别是那些身为"成功人士"的父母反思自己的"爱"，理解爱孩子的深层内涵和由爱而产生的误区，以及以爱的名义对孩子的"伤害"，为父母的家庭教育指明方向，提出建议，帮助家长从爱的误区中及时清醒过来，重新调整自己对孩子的教育方式，让孩子在幸福的家庭氛围中，增强抵抗社会恶劣环境侵扰的能力，为自立于社会创造条件。

目录

第一章　爱的对立面，是娇惯

第二章　爱孩子，就要对他们严格要求

第三章　教孩子道理，比教孩子能力更重要

第四章　让孩子享受甜，也要让孩子吃吃苦

第五章　做“狠心”父母，才是真正的大爱

第一章　爱的对立面，是娇惯

- 娇惯，是扼杀孩子未来的最好武器
- 不要用爱的名义去控制孩子
- 包办代替，只会剥夺孩子的生活能力
- 事事满足，是培养“恶少”的“最好”途径
- 攀比炫耀，是教会孩子“恶习”的“最好”方法
- 养尊处优，是“好逸恶劳”的催化剂

娇惯，是扼杀孩子未来的最好武器

孩子的生活基础、对未来的认识和行为，都可以归结于早期教育，而早期教育的爱，是孩子的人格、心智、道德等各方面得以建立和发展的重要基础。也就是说，父母和教育工作者对孩子充满着慈爱，才能将孩子培养成一个大有希望的人。

爱孩子，这是小动物都会的，何况充满智慧的人类。爱孩子，首先要摆正爱的位置。一般来说，家庭中爱的顺序应该是：自己、爱人、父母、孩子。也就是说，孩子是排在最后一位的。这是因为，你只有学会爱自己，对自己的事业家庭负责，让自己身体健康，有自己健康和谐的人际圈子，才会成为一个健康的讨人喜欢的人，才会有良好的家庭关系、夫妻关系。夫妻关系良好，又孝顺父母，才有健康和谐的家庭关系。这些关系都正常，孩子才会从中汲取养分，快乐成长。

与此相反的是，一些家庭把孩子摆在第一位，有的父母就说："孩子就是我的命。""我是为了孩子而活着。"为了孩子，有的父母，特别是做妈妈的，往往牺牲自己的事业、时间、娱乐、爱人，甚至幸福和健康。这样，自然关注爱人少了，关注自己少了，关注父母也少了。导致自己精神状态不好，夫妻关系不好，家庭关系也不好。那么，在这样环境中成长起来的孩子，就一定会出现问题。很多妈妈把自己的青春、事业、美丽、健康都当做牺牲品想换取孩子的成长，结果事与愿违，竹篮打水一场空。

为什么会事与愿违呢？因为这样的父母爱孩子等于娇惯孩子。父母应该给予孩子充分的爱，这有利于他的成长。但爱也要有个“度”，爱得过“度”了就变成了娇惯。娇惯和放任一样，对孩子的健康都是有害的。有的家长一切满足孩子，有求必应、百依百顺，没有原则、没有条件。有的家长包办孩子的一切，本来孩子自己可以做的或应该做的也不让孩子自己做。有的家长给孩子提供的物质生活过分优越，甚至超过了家庭正常的经济条件。有的家长不给孩子接触困难和艰苦环境的机会，不让孩子受一点委屈。有的家长经常当众夸耀孩子的长处和优点，处处为孩子的缺点辩解。

家长应该认识到，虽然被娇惯的孩子可能身体健康、聪明伶俐，但这些孩子的非智力素质却未必完美，如任性、自私、依赖性强、不能与人平等相处、性格软弱等，这必然影响孩子智力的正常发展。这样的孩子长大后，难以适应正常的社会生活和竞争环境，还有可能产生行为问题。

研究表明，娇惯式的教育方法会导致孩子产生一些怪病。一是依赖病。依据幼儿动作发展规律：孩子1岁可以用杯喝水，1.5岁会用勺吃饭，2岁便可以独立吃饱。但是，有的3岁孩子在幼儿园可独立做事，在家里却连饭也不肯自己吃，该会的事不会，该做的事不想做，遇事总要依赖大人，这就是心理上的“依赖病”。患了“依赖病”的孩子，表现出懒惰、没有精神、不喜欢参加活动、总爱依在家人的怀抱里、胆小怕事，缺乏主动热情，缺少求知欲望和创造精神，不敢尝试。二是幼稚病。有的孩子已经六七岁了，行为表现却像四五岁，特别在爷爷、奶奶面前总是装小孩，以求得过分的娇惯换取心理安慰。这样的孩子心理发展速度缓慢，想象内容幼稚，语言表达能力、行为规范、智力和性格等方面，都比正常儿童发育标准低一个层次。

在很多家庭，家长对孩子的爱是无条件的。家里好吃的、好玩的都尽量让着孩子，唯恐孩子不高兴。有时孩子把好吃的给父母，父母总推托说：“我们不吃，你吃吧。"长此以往，孩子会觉得家里的好东西理所当然是归他的，从而很自然地忽略父母的需要，而把自己的需要放在第一位。孩子会认为，自己是家里最重要的人物，人人都应关注他，优先考虑他，稍有不周到，便觉得受到了莫大的委屈，埋怨父母，乱发脾气。

很多孩子眼中，父母就是自己的"老保姆"，是专门伺候自己的。所以他们对待父母颐指气使，呼来唤去，指使父母团团转，毫不尊重，更不用说体谅父母疾苦、减轻父母负担了。现在，仍然有许多家长在以"保护"和"尽职责"的名义，把孩子置于自己的羽翼之下。在这种过度的保护下，孩子按照父母提供的模式生存，其结果严重影响了孩子的成长和自立，使孩子对自身的生活很难把握。譬如在恋爱时，常常表现得浮华而肤浅，因为他只会被人爱，却不会去爱别人。

这样的家长，虽然给了孩子充分的"爱"，却同时比谁都严重地伤害了自己的孩子。在这种"爱"的环境下长大的孩子，特别是男孩子，一般很难成为男子汉。他们有爱时，虽然会显得很温驯，但当周围的人不能满足他们对爱的需求时，就会变得愤怒。他们通常把自己的失败，当做是现实的不公平待遇，因为他们总觉得自己了不起。在宠爱保护下长大的孩子，在生活中难以成为强者，在学习上怕吃苦，一般很难成大气候。

爱孩子，并不意味着孩子需要什么就给什么，给孩子一个自由成长的空间和成长所需要的精神养料，才是最重要的。爱孩子，不能剥夺他发展自己的机会。因此，父母不能过分地管束孩子，让孩子在广阔的天地里去锻炼、去实践，去学会如何应付危险的局面。这样，才能培养出能够克服困难、迎接人生各种挑战的孩子。

巴尔扎克说："民族的未来掌握在母亲手里。"而孩子身上的毛病，几乎都是我们苦心积虑地"爱"的结果；同时也是传统社会积淀下来，由成人社会制造出来的东西。审视我们的爱是不是过了头，首先要看我们爱的动机和形式对不对，否则单单去指责孩子就欠公正了。当父母的不但要为孩子的生理健康负责，同样要为孩子的心理健康负责；不但要想到孩子的今天，更要想到孩子的明天。在优越的生活环境里，要有意识地去磨炼孩子，让他懂得吃苦，懂得尊重他人，懂得孝敬父母，学会宽容、忍耐、理解，同时要树立竞争意识、拼博意识、自强意识、风险意识。爱，也要讲科学、讲理智、讲效益，不能娇惯，更不能错爱。

不要用爱的名义去控制孩子

有个叫玲玲的女孩子，今年12岁，长得身材瘦小，枯黄的头发披散在肩上，就像一个没有生命力的小动物。从上一年级开始，玲玲就不喜欢去上学了，经常待在家里上网、睡觉，也不愿跟家人交流，要是父母主动说话，她还会大发脾气。大家都觉得这孩子误入了歧途，替她惋惜，都追问是什么原因让这个花季少女变成如此模样？

原来，玲玲的父母一直在做生意，两个人都很忙，不能照顾她。她出生不久，就被送到亲戚家里寄养，一直到该上学了才被接回来。即使这样，父母还是没有时间照顾她，而是为她雇了个保姆。

玲玲的父亲整天忙于外面的事，而且非常严肃，经常严厉批评她的过错。妈妈虽然没有爸爸那样严厉，却经常指着她的身材说三道四。由于她不太讲卫生，妈妈每天让保姆盯着她是不是洗手了，洗脸是不是按照她的要求做的。为了玲玲的安全，父母还每天让保姆接送她上学，放学后也不让她出门跟同学玩，出去时都由保姆陪着。

在玲玲的记忆中，大人们都很严厉、不随和，个个板着面孔，跟她说话也没有好声好气；玲玲跟大人说话也一直很紧张，这就使得她越来越胆小谨慎。保姆对清洁工作的专注，也使得她渐渐觉得自己不讲卫生，是一个很差的孩子。就这样，慢慢地，玲玲越来越内向孤僻了，没有朋友、不爱说话、在学校独来独往，老师和同学也都不太喜欢她。

玲玲生活在父母的“手掌心”里，处处受到管制，对于她父母来说，这是出于对孩子的爱心和保护，而对于玲玲来说，则是人身自由受到限制。玲玲的故事再一次说明，管制式教育，不会培养出优秀的孩子。

做父母的，不仅要“养”孩子，还要“教”孩子，教孩子学会生存，掌握生存技能，以适应未来社会，成为一个成功人士。为此，父母就要给孩子各种锻炼的机会，让他们接触社会，体验生活中的酸、甜、苦、辣，让他们感悟世间的真、善、美，从而认识社会上的人和事，获得适应社会的生存能力。这些，都离不开家长的悉心培养。

大自然的生存法则是优胜劣汰，这个法则同样适合人类社会。不同的是，人类的母亲无法像动物妈妈那样“残忍”，不会把自己的孩子赶出去，在残酷无情的森林法则的支配下自生自灭。人类父母一生为儿女遮风挡雨，为儿女忍辱负重，即使为儿女丢掉性命也在所不惜。当孩子成年了，可以独立生活了，父母们依然像对待他们小时候那样放不开手，依然时刻关怀、保护着他们，一旦孩子具有独立意识，就给孩子贴上叛逆、反抗的标签，说孩子长大了、翅膀硬了就如何如何，以此指责孩子不听话。结果，很多孩子被父母包办一切，要是有什么独立自主的苗头出现，就感觉有点对不起自己的父母。孩子被父母人为地延长了“喂养期”，害怕走出家庭、承担责任，拒绝长大。试想，这样的孩子一旦走向社会，能适合社会的竞争法则吗?

每一个人一生都有两次断乳期，第一次是父母主动断乳，第二次是孩子到了青春期，要脱离父母，走进社会。第一次断乳，是母亲主动的，而孩子往往不愿意断乳；但第二次拒绝断乳的却是父母，他们害怕分离，害怕失去对孩子的控制，当孩子要走出家庭，或有了自己不同的观点和要求时，父母们不愿承认自己的软弱与恐惧，却把罪名强加在孩子身上。

没有距离的爱，没有界限的感情，是最容易构成伤害的，父母就是以这种"爱"的名义伤人的。对此，为人父为人母的大人们，是不是意识到了呢？

（1）父母首先要弄懂爱的真正含义

一位名人指出："爱孩子，是连母鸡也会的事情。重要的是，要为孩子的成长创造一个优良的环境。"爱孩子，并不意味着为孩子包办一切。孩子首先是一个独立的个体，将来会独立地去面对世界、面对社会、面对生活。所以，父母培养孩子的生存能力最为重要。爱与独立并不矛盾，但如果能把孩子培养成具有强大生存能力的人，才是真爱的体现。爱孩子，并不意味着孩子需要什么就给什么，给孩子一个自由成长的空间和成长所需要的精神养料才是最重要的。爱孩子，不能剥夺他的发展机会。

因此，父母不能过分地管束孩子，让孩子在广阔的天地里去锻炼、去实践，学会如何应付危险。这样，才能培养出能够克服困难、迎接人生各种挑战的孩子。

（2）提前培养孩子的自立能力

罗罗在家一直是衣来伸手，饭来张口，事事都有人替他料理好。妈妈担心罗罗到了幼儿园该怎么办？老师不可能随时跟着他！还有，在家里自己一般都是给孩子用坐盆解决大小便问题，而幼儿园却是统一的坐便器，这可怎么办？

罗罗妈妈的担心说明了一个道理，如果不教给孩子自理能力，孩子就长不大。在家里过惯了包办生活的孩子，一旦进入集体，洗手、吃饭、穿衣、饮食、睡觉、如厕这些生活中的细节问题，就浮现出来。孩子如果独立生活的能力差，不仅生活不便，而且还会形成挫败感和不安情绪。为此，家长在孩子小的时候，就要教会他自行解决生活中的问题，如小解和大便，学会提出"我要小便""我要大便"的要求，并且养成定时排便的习惯，以防止在适应过程中出现憋尿、憋便的情况。此外，提早培养孩子端碗、夹筷、系扣、洗手等生活能力。

（3）让孩子逐渐脱离家长进入新角色

天天今年5岁了，性格一直内向，不太喜欢和别的小孩玩耍，哪怕碰到熟人，也总是躲在大人身后不敢亲近，对不熟悉的人更是避而远之。

培养孩子的独立性，是逐渐解除对孩子管制的前提条件。孩子在读书前，一直生活在家庭里，离不开父母，而走向学校则是孩子脱离家长的第一步。这是一个挑战性的转折。学校是一个陌生环境，是给孩子走向独立的最初体验。在这个环境里，孩子会被陌生感和不安全感包围，面对陌生的人和事会紧张不安。解决这个问题，就是设法让孩子渐渐适应。例如，在一些幼儿园，给初入园的孩子办“亲子班”或“半日亲子”，家长可以陪伴孩子一起游戏和活动，使孩子逐渐脱离家长进入新角色。家长在帮助孩子适应的过程中，不要过分娇惯孩子，遇到问题要客观面对。

让孩子走出家庭，获得“放生”的环境，接触更多伙伴，建立更多的良性情感的体验，这样孩子更易融入新环境。

(4) 放手让孩子做事

一天，妈妈的朋友梅阿姨来家做客。吃完饭，6 岁的天宇像往常一样，站起身收拾碗筷。梅阿姨见状，立刻要起身帮忙，妈妈却拦住她，说：“没事，收拾碗筷对我们家天宇来说简直就是小菜一碟，他可以做得很好。”天宇听后，干得更起劲了，把碗筷都端到厨房后，还拿来抹布擦起了桌子。

梅阿姨见状，连连责怪天宇妈妈：“你胆子也太大了吧？不怕他把碗打碎了？到时划了手可不得了！”妈妈却笑了，告诉梅阿姨，开始天宇主动要求这样干时，自己也担心他把碗摔碎。不过，一次晚饭后，妈妈就问天宇：“儿子，你们老师告诉妈妈，说你在幼儿园是个特别能干的孩子，更是老师的好帮手，你能给妈妈做一次好帮手吗？”天宇一听，来劲了，一路小跑着把他自己的塑料小碗和勺子送到了厨房，然后回来又拿起了妈妈的瓷碗。见他行动有些鲁莽，妈妈真担心他会不小心把碗打碎了，于是连连嘱咐他小心，注意别把碗弄碎了。听到妈妈的话后，天宇果然放慢了速度，并用双手紧紧地捧着碗，一步一步小心翼翼地走进了厨房，看着瓷碗安然无恙地到达厨房，妈妈这才松了一口气，但那一刻却让妈妈相信，大胆放手，可以看到孩子更棒的一面。

妈妈的一番话，让梅阿姨深受启发。

很多父母之所以过度保护孩子，是因为对自己的孩子缺少信心，害怕他们做错事，于是越俎代庖。不少父母对孩子的起居照顾得无微不至，从起床、吃饭到上学、回家、做功课，样样都替孩子想到前头，就像一个生活秘书，事事替孩子准备。其实，孩子是希望父母信赖他们的。当家长信赖孩子，大胆地放手时，孩子才有摸、爬、滚、打的勇气和机会，才会逐渐成长为独立的有能力的个体。

（5）允许孩子面对危险

诺诺的妈妈向儿子许诺，如果他在这次期末考试中能进前五名，就带他去看大海，在海边玩个够。诺诺为了这个奖励，努力学习，终于在期末考试中取得了第三名的好成绩。为此，妈妈特意请了一周假，带诺诺去看大海。那天，他们来到海边，诺诺开心地又蹦又跳，一会儿玩沙子，一会儿又跑去拾贝壳，玩得不亦乐乎。

附近还有很多跟家长一起来玩的孩子，诺诺很快和他们玩到了一起。不一会儿，一群孩子都脱下了脚上的鞋子，光着脚在水里嬉戏，诺诺妈妈并没有阻拦儿子，只是看着他在海里玩。这时，一个刚来的小女孩儿看见孩子们都在海边的浅水里玩耍，就想去和他们一起玩。她对自己的妈妈说："妈妈，我也想下去。"说着就准备脱鞋子下水，这时，妈妈大叫着把孩子拉了回来，吼叫道："不准玩水，那多危险啊！"小女孩只好垂头丧气地跟着妈妈走开了，还时不时地回头看在海边嬉戏的孩子们。

父母在日常生活中要和孩子一起去面对困难和危险，不要把所有的路都为孩子铺好。给孩子锻炼的机会，让孩子从哪里跌倒就从哪里爬起来。父母不让孩子独自面对危险是违背孩子天性的。危险无处不在，21 世纪的孩子如果没有单独应付危险的能力，将会失去生存的本领，最终被社会淘汰。现实生活中也有很多这样的实例。为此，家长要改变自己对孩子无微不至的做法，做好孩子的向导，告诉孩子应该怎样面对困难，让孩子独立面对困难和危险。

包办代替，只会剥夺孩子的生活能力

一所中学组织夏令营活动，一位学生的父亲怕自己的孩子无法独立生活，竟然请了假，骑着车远远地跟在学校队伍的后面。到了晚上，老师查铺时发现床底下有个人，叫出来一看，原来是那个学生的父亲。这位父亲说，孩子第一次出远门，不放心，怕他晚上睡觉从床上掉下来。这件事令老师哭笑不得。

这个家长的行为并非个例。在生活中，处处为孩子“着想”、事事为孩子“包办”的家长，实在太多了。在我国，独生子女越来越多，往往导致父母对孩子过度珍爱，这就产生了过度保护和过多限制的问题。过度保护和包办实际上剥夺了孩子主动探索和认识外部世界的机会，阻碍了他们的心理发展。

在美国，孩子很小就与父母分开住，孩子单独睡一个房间。孩子到了 18 岁时，就得自己挣钱解决生计，这倒不是父母没钱，而是让孩子自己挣钱早日独立。美国孩子从小就经常听到父母的口头禅：“自己照顾好自己。”“让你的生活明天变得更美好。”美国父母是这样看的，让孩子自己挣钱，是让孩子知道挣钱的辛苦和不易，以及挣钱的价值。

上大学后，孩子就可申请信用卡，这是学会理财的第一步。如果不及时付账单，个人信誉就有污点，以后就会遇到许多麻烦。在临近大学毕业时，汽车销售商就会到学校推销汽车。孩子租车后，开始自己租公寓、打零工，不过这时孩子还没有固定工作，买大件需要有人做担保，让你知道这钱不是白挣的。毕业后可以找到固定的工作，随着时间的流逝，收入增长，就会买房子、汽车，以及进一步改善生活，这种体制可以让孩子尽早地适应独立的生活。

父母对孩子的包办会使孩子失去做事的自信心，久而久之，孩子会产生强烈的依赖心理，并认为自己什么都不能做，没有能力。明智的父母对自己的孩子不会"事事"关心，虽然这样看上去是冷漠的，甚至有些"残酷"，但这样做对孩子的成长是有好处的。要知道，日常生活中的意外伤害是随时随地的，遇到磕磕碰碰的事情是不可避免的，对孩子来说，不应该总是逃避各种危险，而应该学会去面对、去忍受，因为长大之后的生活环境需要忍受的东西更多，从小培养孩子的自信和自立能力是为了他日后更好地工作、生活。

处处为孩子包办，有哪些危害呢？

一是影响孩子的智力发展。人的智力是在社会活动中发展的，过度的保护实际上限制了儿童智力和心理活动的发展。过度保护的孩子很少有机会去探索，去努力发展和表现自己的智力。更糟的是，由于很少有需要自己动脑、动手的情境，这样的儿童进入社会后常表现软弱、退让和懒惰，不能独立完成作业，不愿动脑筋想问题。

二是压制孩子的求知欲。个体在生理上或心理上有某种需要，这种需要的内驱力——动机，由此推动个体产生为满足其需要的一系列行为。但是，受到过分保护（限制）的孩子，其父母已从各个方面满足了他的需要，这样便抑制了他活动的内动力，大大降低了他对外界事物的兴趣和好奇心，并削弱了他探索外界事物的主动性、积极性和意志力。

三是影响孩子的社会性。处处被父母包办的孩子，人际交往局限于父母和兄弟姐妹（独生子女没有兄弟姐妹，接触面更狭窄），不能从广泛的交往中体验他人的情感、意识以及价值观念等等，进入社会（幼儿园或学校）后，不知道如何与人交往，从而形成孤僻、依赖、抑郁的性格，甚至产生严重的社会行为问题。

那么，我们该怎样走出包办的误区？

一是树立正确的教育观念。日本教育家真锅博认为，让孩子去做他从未接触过的事情，所代表的意义是非常深远的。他说："让孩子接触从不知晓的事物，不仅可以增加体验或知识，而且借此机会还可培养孩子的持久力或忍耐力，养成面对困难与挑战的坚毅个性。"

父母关照、保护孩子，事无巨细这样看起来是为了孩子好，但实际上剥夺了孩子独立解决问题的机会，限制了孩子能力的发展，使得孩子变得无能。

父母必须懂得：在激烈竞争的社会中最好的保镖是自己。孩子能不能在社会上站得住脚，与他们独立解决、处理问题的能力密切相关。有的家长管得太严，过度的保护使孩子成为温室里的花朵，孩子的能力没有得到发展，在现实社会中将无法生存。

父母对孩子过多的包办，实际上就是溺爱，剥夺了儿童的独立性，引起他们强烈的自卑感，导致成年后的人格问题。例如，对孩子的淘气行为，有些父母要么不管，要么完全压制。他们总是想时时刻刻保护孩子，玩滑梯时别摔着，别被其他的孩子欺负，企图回避生活中许多丑陋的一面。结果，孩子长大后，根本就没有应付各种生活问题的能力，不能自谋生路，不能自己做出决定，不能应付生活中面临的日常问题和挫折。

二是对孩子要大胆放手。很多父母过度保护孩子，是因为对孩子没有信心，害怕他们会做错事。不少父母对孩子照顾得十分周到，从起床、吃饭到上学、回家、做功课，能想到的都替孩子包办。其实，孩子是希望父母信任他们的。当家长信任孩子、大胆地放手时，孩子才有摸、爬、滚、打的机会，才会逐渐养成独立的有能力的个性。

鲁伯特·默多克是著名的世界传媒大亨，1931 年出生于澳大利亚的墨尔本，是家里的独生子。父亲对儿子非常喜欢，处处纵容儿子、娇惯儿子、满足儿子。

但母亲反对这样做。为了纠正孩子在父亲的宠爱下养成的不良行为，克服孩子的依靠心理，母亲伊丽莎白专门为儿子在花园里盖了一间小木屋。从春天到秋天，太阳下山，全家吃完晚饭、读书看报以后，母亲就要求小默多克去花园的小木屋里睡觉。开始，父亲认为这样对待自己的独生子太过于残忍，几次三番地想让小默多克搬回大屋睡。这时，母亲就会对父亲说：“我认为在外面睡觉对我们的儿子很有好处，这是对他的一个锻炼。他不仅仅是要适应这些树，更重要的是，他还要适应自然界的黑暗，适应独处，这样做会让他变得更勇敢，自立自强，不会依赖别人。对于我们这样的家庭，如果父母总是把孩子护在自己的双翼下，结果孩子越来越娇嫩，独立性越来越差。试想，他以后又怎能适应各种环境、各种职位呢？怎能面对复杂局面，怎样及时调整自己以适应变化呢？”就这样，默多克一个人在小木屋里住了好几年。

10 岁的时候，默多克又被母亲送到了寄宿学校。刚开始，父亲以儿子年纪还太小、无法照顾自己为由，反对这一做法。但母亲却坚持她的想法不让步，她对丈夫说：“在寄宿学校的生活，能教会儿子如何与他人相处，如何自己决定自己的事情，有助于培养儿子无私的精神和善于合作的品质。这对他将来的成长是绝对有益的。”

默多克就读的学校叫基隆语法学校，这里位于海风口，冬天非常寒冷。但这个学校的老师个个博学多才、诲人不倦，校长严格且尽职，默多克在学校里不仅学到了丰富的知识，而且逐渐培养起独立思考的习惯。在老师们的影响下，他开始参加校园活动和学生社团，担任了校报的编辑，开始了他的媒介生涯，渐渐成为令人注目的风云人物。

事事满足，是培养“恶少”的“最快”途径

孩子升学，是父母最忙碌的时候。忙什么呢？无非就是忙着给孩子准备文具、参考书，要是住校的，自然也要为孩子备齐各种生活用品，真是无微不至。例如，艳艳一大早就拉着妈妈来到了商场，母女俩的双手一会儿工夫就拿满了各种学习用品，什么橡皮尺子铅笔，书皮本皮转笔刀。当他们正要结账时，艳艳发现了一种带拉杆的书包，便跟妈妈说：“妈，你看这个书包多好啊，你给我买一个吧。”妈妈一看标价，几百元，吓了一跳：“学校离家又不远，这么贵就别买了。”可艳艳有她的理由：“我们班有好几个人都用这种书包呢！”妈妈还是觉得不值得买。母女俩争吵起来，声音越来越大，惹得很多人好奇地张望，甚至还有人围了过来。这些围观的人也分为两派：一派支持妈妈，都是父母；一派支持艳艳，都是学生。大家七嘴八舌，也加入了争论的行列。一看围了这么多人，艳艳更来劲了。看到越来越多的孩子，妈妈觉得再坚持下去，自己就没面子了，担心别人怀疑自己买不起，于是一咬牙，买了下来，然后拉着得意的艳艳走了。

到家后，妈妈把肚子的怨气发泄在艳艳身上：“买了也不能马上用，得等旧书包用坏了才能换新的。”艳艳听了火冒三丈，拿出剪子就把旧书包剪了个稀

巴烂。

这个故事说明，做父母的一味满足孩子，并没有带来什么好处。随着生活水平的提高，现在的父母都会尽量满足孩子的愿望，他们这样做无非是想让孩子过得快乐、满意，但物质上的无条件满足，并不能让孩子获得真正的快乐。研究表明，现在的孩子心理承受能力正在下滑，一旦受到一点挫折或打击就有怨气；父母有一点没有满足他们的希望，就怒气冲冲。孩子得到的多，为什么反而缺少满足感呢？这与他们对幸福的感受有关。

在我们的身边，经常会听到孩子对父母提出这要求那要求。"妈妈，给我买个新玩具。""妈妈，我想要一个电视里广告的那种书包。"父母听到孩子提出这些要求，一看经济条件许可，马上答应："好，只要你喜欢，妈就买。"现在家庭的子女少，孩子个个是宝贝，不管孩子想要什么，父母都会尽最大努力去满足，要是一时满足不了，就觉得问心有愧。

孩子们正是看准了父母的这种心理，随着年龄增加，他们提的要求也越来越高，从小书包到电子产品与名牌服饰，再到手机、电脑等，孩子的物质需求越来越高，一旦父母不能满足，轻则哭闹不已，重则死缠烂打，甚至做出更极端的事来。面对这种情景，父母们都是乖乖投降。

而无条件地满足孩子，无疑会让孩子形成以自我为中心的霸道意识，只想着自己，不顾及父母的条件。久而久之，"恶少"就诞生了。这样的孩子一旦离开父母，走向社会，就难以适应新环境，极易产生人际关系的冲突，对孩子的成长带来负面影响。

那么，怎么面对孩子的需要呢？首先我们应当先了解孩子的需要，一般孩子的需要可分为四种：

一是孩子没说需要，父母也没觉得孩子非常需要。这种需要当然是不能满足的，但我们有时却不由自主地去满足孩子。例如，带孩子去玩，自己觉得哪个东西不错，就给孩子买了，还要拿到孩子面前去讨他的高兴。这种行为，实际上只是为了“释放自己爱孩子”的情感。这样的“爱”其实是暗示孩子：父母为孩子买东西是天经地义的，以后如果不买就是不对的。

二是孩子没觉得需要，父母从理智上觉得孩子需要。有些东西，孩子并没有要求，而父母却觉得应该给孩子买。对于这类东西，你可以悄悄地买，但不要拿到孩子面前炫耀，表明你是多么爱孩子。这样做的结果，孩子的反应反而淡漠。做得多了，孩子会看不起你，觉得你的爱很不值钱，甚至会让他们认为你很“啰嗦”。

三是孩子需要，父母又觉得孩子的需要是合理的。例如，某一个玩具，孩子喜欢，父母也觉得它很有利于孩子的成长。这是不是就得买呢？也不见得。你在做这件事时，还应再让孩子明白一个道理：要得到自己喜欢的东西，不是依靠父母，而是必须通过自己的劳动获得。可以让孩子干点活，让他用力所能及的劳动去换取。比如让孩子去洗洗碗，扫扫地，做做家务活，通过孩子自己的努力换来奖励。这样可以让孩子懂得，只有付出才会有收获，一味哭闹、发脾气或者蛮不讲理是达不了目的的，也让孩子懂得，父母工作的艰辛和金钱的来之不易。

四是孩子觉得需要，父母觉得不合适。要是这样，不妨大家一起商量，甚至辩论一下。如果孩子赢了，就按上述第三种情况办；如果孩子输了，父母就要毫不让步。

所以，在家庭教育中，父母要把握好孩子需要和给予之间的尺度，鼓励孩子通过恰当的方式争取自己所需，去实现自己的理想，这才是理智的父母应该做的。

首先，不要轻易让孩子尝到“甜头”。

面对孩子因要求得不到满足而哭闹的情景，父母不要轻易“心软”，而要冷静处理，伺机向孩子说明道理，让孩子认识到自己的行为是不对的。如果这种方法没有奏效，可以采取转移注意力、冷处理、适当惩罚等办法巧妙化解问题。

转移注意力的方法，一般适用于年龄较低的孩子。在超市商场、市场，父母可以利用孩子的好奇心强、注意力较易分散和"喜新厌旧"的特点，把他的注意力从眼前的事物转移到其他新奇、有趣的物品或事情上。例如，孩子在商场里想要电动玩具，而家里已有许多类似的，父母先不要回答他买不买，而是引导孩子把注意力转移到别处："你看那边的摇摇车更好玩，咱们去看看吧。"孩子看见新东西，就会很快把刚才的事情忘掉了。

冷处理的方法，就是当孩子的要求没有满足而发脾气或撒泼时，父母先不要理他，更不要流露出心疼、怜悯或迁就的表情，也不要打骂孩子或讨价还价。这时，你可以假装没看见，孩子自己会感到无趣而做出让步。事后，父母可对孩子简单而认真地说明这件事不能做的原因，并对他说"相信你以后会听话的"之类的话来鼓励他。

适当的惩罚，是当孩子做出过激反应时，父母不能放任这种行为，靠正面教育如果不能奏效，就适当地惩罚一下。例如，扣除他的零花、做家务来补偿等，要让他知道他这样做的后果还是由他自己承担的。

其次，拒绝孩子的理由要充分。

父母拒绝孩子时，一定要和孩子说明理由，而且理由一定要充分，让孩子知道，是因为他的要求不合理才会拒绝的，而不是因为父母不爱他。例如，当孩子想吃膨化食品，父母考虑到铅含量多时，可以这样说："你现在不可以吃，因为这个东西虽然好吃，但含铅太多，吃多的话，脑袋就不聪明了哦，这样很可怕，是不是?"

再次，及时表扬孩子的正确行为。

当孩子听了父母的规劝，放弃自己不合理的要求时，作为父母要及时表扬，以强化孩子的良好行为。孩子会在父母的表扬中得到情感上的满足。

例如：孩子过去跟妈妈上街，总是要一些好吃的，而这次却没有这样做，就可趁机表扬他："你今天没有闹着吃炸薯条，妈妈要表扬你，晚上回家后我给你做喜欢吃的土豆泥。"

妈妈要让孩子认识到，家里会满足他的合理要求，但不合理的要求，会坚决拒绝。在以后遇到相似情况时，父母只要明确地表示自己的态度，孩子就会明白这种意思，也就不会纠缠了。

最后，提前打好“预防针”。

父母与其在商场与孩子讨价还价，不如在出发前就和孩子约法三章。如果孩子不同意你提出的条件，干脆就不带他去了，这样孩子一般就会妥协，到了商场如果孩子又反悔，那么父母就绝对不能同意了，可以用他在这之前曾答应的话来跟他对质，孩子觉得理亏，也就不会在外人面前大哭大闹了。如果孩子遵守约定，父母还可以适当地给予额外的奖励，来表扬他的这种行为，以强化和让孩子操持这种行为，逐渐养成自控的习惯。

攀比炫耀，是教会孩子"恶习"的"最好"方法

伟伟自从上初中后，除了学校硬性规定上学期间必须穿校服外，他身上穿的全是名牌，鞋子非要阿迪达斯不可，平常休闲衣服是耐克，连皮带都要选鳄鱼的。买的手机不到一年，就吵着要换一款3000元的新手机，说什么落伍了。平时，家里每星期都固定给他零花钱，自从他升上初中后，每星期的零花钱都是100元，有时达到150元，但不久又说钱不够用，要求每星期再多加点儿零花钱。家长问他那些钱怎么花了，他说有时就是与同学们互相请吃麦当劳、肯德基等，有时就是看到精品店有些东西不错就买了。家长不答应他的要求，他居然气得几天不跟家长说话，还摔了一个杯子，直至家长最终妥协。

伟伟的表现，与其说是大手大脚，不如说是攀比心理在作怪。

攀比，与虚荣心一样，是一种脱离实际、盲目追求的心理状态，一般建立在物质欲求的基础上，表现在孩子身上多是互相攀比、炫耀等言语和行为，一旦这种心态成为孩子性格中的一部分，那么对他们日后健全人格的形成是非常不利的。

在物质文明高度发展的今天，传统的价值观念在人们追求自身生存发展的目

标之下悄悄发生了变化，对物质索求的欲望主导着很多人的生活，进而影响着自己的下一代。“我爸爸是老板，你爸爸只是工人!”“妈妈上星期给我买了双新的滑轮鞋!”生活中，孩子之间这种互相攀比的声音会频繁地在人们的耳边响起。有的孩子常在同学和伙伴面前夸耀自己父母的地位或者家境的富足，以此凸显自己的优越感；有的孩子常在别人面前炫耀自己的特长和成绩，听到表扬就得意非凡，而对于批评则不以为然、拒不接受；有的孩子讲阔气赶时髦，特别注重穿着打扮，连脚上穿的袜子都要名牌的……

（1）孩子爱攀比的原因

一是受父母影响。父母是孩子的第一任教师，父母的言行对孩子有潜移默化的影响。当家长抱怨孩子非名牌不穿、不断更换新手机时，反思自己：平时自己买衣服时，是不是经常买名牌，还经常把“名牌”之类的话语挂在嘴边在孩子面前说？家长是不是经常使用手机都是最新潮的，更新换代比较快？

二是父母无原则的满足。由于现代家庭孩子少，父母总怕孩子受委屈，于是对孩子总是有求必应。自己孩子穿的、戴的都不能比别人差，别人的孩子买什么咱家的孩子也得买，绝不能让人家把自己比下去。于是在家长无意识的纵容下，孩子的欲望无限地膨胀。

三是孩子自尊心的需要。每个孩子都有受尊重的需要。一般来说，尊重的需要可以通过许多正当的手段来获得满足。可是，也有一些孩子在尊重的需要得不到满足，或者尊重的需要可能受到某些挫折时，便通过不正当的手段来获得满足，这就是虚荣。因此说虚荣心是扭曲了的自尊心。

四是社会风气影响。例如，当周围许多人都在弄虚作假时，本来诚实的孩子也会抵挡不住诱惑而随波逐流。近年来，不少人在找工作时伪造荣誉证书、外语和计算机等级证书等，其中有其自身修养方面的原因，但社会上的腐败、浮夸风气，竞争机制的不健全，也在一定程度上起了诱导作用。

(2) 孩子攀比心理的表现

孩子的攀比心理过强，会在平时的生活中流露出来。如果父母能够及时捕捉到这方面的苗头，那么就可以立刻采取相应的对策对他们进行教育和开导。孩子过强的虚荣心往往表现在以下几个方面：

一是夸耀家庭。常在同学和伙伴面前夸耀自己父母的地位或者家境的富足，以凸显自己的优越感。

二是自以为是。不懂装懂，喜欢班门弄斧，自以为是，如果别人指出了他的错误，就恼羞成怒，拼命要把方的说成圆的。

三是喜欢摆阔。讲阔气赶时髦，吃高档零食，穿名牌服装，用进口文具，玩新奇玩具都是追求虚荣的表现。有的同学虽然家境不好，却宁可吃咸菜而穿名牌，"打肿脸充胖子"。这种表现就是虚荣心在作祟。

四是争强好胜。做事情总想拔个尖儿，希望自己以强者、胜利者的姿态出现在众人面前，受到众人的注目。对别人的才能从不称赞，反而鸡蛋里挑骨头，说长道短，搬弄是非。

(3) 怎样教孩子远离攀比

要消除孩子过强的攀比心理，不是一朝一夕就可以完成的，家长只有以自己的言行在生活中一点一滴地影响孩子，做出正确的示范，并且通过恰当的机会让他感受到虚荣心过强所带来的烦恼和痛苦，让孩子自觉地意识到虚荣心过强是不利于成长的，这样，他们就可以自动抑制自己的物欲，避免形成不正确的价值观。

首先，家长以身作则。家长不要同别人攀比，以免孩子模仿。父母的一言一行都会影响孩子，因此，家长必须以身作则，为孩子树立榜样。爸爸妈妈首先要摆正自己的心态，不要同别人攀比，盲目追求物质享受。爸爸妈妈也不要总是给孩子买东西，习惯性地给孩子买各种礼物，因为如果形成习惯，孩子就会感觉他得到这些礼物是应该的，而且需要你不断给他买，他的虚荣心就会不断膨胀。

其次，要多给孩子讲道理。有的家长为了孩子不受委屈往往满足孩子的要求，还有的爸爸妈妈对孩子则采用先吼后打的办法，让孩子有理说不出。其实，最好的办法是多给孩子讲道理。爸爸妈妈应告诉孩子，与别人攀比、拥有名牌并不意味着拥有较高的地位，只有依靠自己的努力取得成功，才能获得别人的尊重。爸爸妈妈应教孩子根据自己的需要买东西，而不要为了同别人攀比买自己不需要的东西，让孩子学会理性消费，还可以把家中的收入支出讲给孩子听。

再次，适当满足孩子的要求。例如，给孩子买一些好的衣服、玩具等也无可厚非，关键是要掌握“度”。孩子毕竟是孩子，总会喜欢漂亮的衣服、好玩的玩具，适当地满足一下孩子的要求，可以避免孩子对别人产生妒忌心理。如果孩子要礼物是为了炫耀，就要正面指出来，告诉他，炫耀、虚荣是有害的。

如果孩子的要求是合理的，那么家长可以为孩子创造一些机会，让孩子靠自己劳动挣来的钱购买所需要的东西。如让孩子做一些力所能及的事，分担一些家务，然后从中取得回报。一分劳动一分收获，一滴汗水一点回报，让孩子知道仅靠不停地向家长张口要这要那，不仅不光彩，而且行不通。

最后，要客观地评价自己的孩子。作为家长不应该过分夸大孩子的优点，也不要掩盖孩子的缺点。对那些符合道德规范的行为，爸爸妈妈应给予表扬，但应适度。因为经常性的表扬会使孩子认为这些并不是他应该做的，一旦这样做了，便能得到奖励。久而久之，孩子便养成了虚荣的坏习惯，而且越来越严重。对于孩子的缺点要及时指出，帮助他分析原因，并鼓励其逐渐克服。

养尊处优，是“好逸恶劳”的催化剂

现在家庭孩子少，甚至是独生子女，加上生活条件宽裕，使他们处于一种优越的生活环境中。由于孩子们一直生活顺利，又受到宠爱，一点不顺心的事都没有遇到过，久而久之，就养成了“好逸恶劳”的恶习，什么事也不想干，什么享受都想有。一旦遇到挫折就受不了，心理脆弱。因此，在日常生活中人为地为孩子设计一些挫折，使他们体验一下挫折感，无疑是有益的。

在日本，一些家庭利用“挫折教育”，从小就培养孩子的吃苦能力。例如，每到冬天就让孩子赤身裸体在风雪中摸爬滚打。天寒地冻，北风怒吼，不少孩子嘴唇冻得发紫，浑身发抖，父母们则站在一旁，置之不理，目的是磨炼他们的意志力。大部分家庭要求孩子做家务劳动，包括吃饭前后的洗菜、烧饭、刷碗等。他们认为孩子常做力所能及的家务事，可以锻炼他们的生活自理能力、动手能力及养成尊重他人劳动成果的品质。日本还提倡“穷留学之风”，让大城市富裕的学生到偏远的山区、村寨接受艰苦的生活训练，以培养孩子吃苦耐劳的精神和坚韧不拔的毅力。

在瑞士，父母为了不让孩子成为无能之辈，从小就着力培养孩子自食其力的能力。譬如，十六七岁的姑娘，从初中一毕业就去有教养的人家当一年左右的女佣人，上午劳动，下午上学。这样做，一方面可以锻炼劳动能力，寻求独立谋生之道；另一方面有利于学习语言。因为瑞士有讲德语的地区，也有讲法语的地区，所以一个语言地区的姑娘通常到另一个语言地区的人家当佣人。长期依靠父母过寄生生活的人，被认为是没有出息和可耻的。

在丹麦，父母总是对孩子“置之不理”。孩子很小的时候，父母就把他们放在院子里的草坪上晒太阳，自己则在屋子里忙别的事，偶尔会看一下窗外孩子还在不在。如果忘记孩子还在外面玩，自己又去干别的事情了，往往最后是孩子自己回来或者由警察送回来。当孩子 2 岁的时候就得自己做很多事情了，比如孩子想拿冰箱里的饮料喝，爸爸妈妈往往不会帮忙，而是自己去取。

当然，孩子不愿吃苦、拒绝吃苦，并非孩子的过错，而是父母没有重视从小培养孩子自立能力和吃苦精神的结果。19 世纪俄国的著名作家屠格涅夫说：“你想成为幸福的人吗？那么首先要学会吃苦。能吃苦的人，一切的不幸都可以忍受，天下没有跳不出的困境。”

为了让孩子以后能够幸福，父母是不能心疼孩子吃苦的。“吃苦”是一种心理承受力。人在艰苦的环境中，要战胜的不只是环境，还有自己。为此，越是条件优越的家庭，越要给孩子挫折教育，让他们吃吃苦，这样才能使他们从养尊处优的生活环境中获得挫折教育，才有利于他们的健康成长。

要从小培养孩子的吃苦精神。对孩子进行吃苦教育，并不是一个新鲜的话题。自古以来，从吃苦中成长起来的名人不胜枚举。例如，西汉人匡衡出身农家，祖父、父亲世代都是农民，传到匡衡，却喜欢读书。他年轻时家里贫穷，白天给人做雇工来维持生计，晚上才有时间读书。可是家里穷得连灯烛也点不起。邻家灯烛明亮，却又照不过来。匡衡就想出个法子，在贴着邻家的墙上凿穿一个孔洞，“偷”一点光亮，让邻家的灯光照射过来。他就捧着书本，在洞前映着光来读书。语言大师侯宝林只上过三年小学，由于他勤奋好学，终于成为著名的相声表演艺术家。有一次，他想买一部明代的笑话书《谑浪》，跑遍北京城的旧书摊也未能如愿。后来，他得知北京图书馆有这部书。时值冬日，他顶风冒雪，连续十八天跑到图书馆去抄书。一部十多万字的书，终于被他抄录到手。

吃苦教育，应该是一种素质教育。这里所说的让孩子吃苦，绝不是没有苦而让父母们为孩子创造点儿苦吃，而是让孩子多做一些自己应该做的事情。吃过生活的苦，才能品尝生活的甜。学习中的苦，或许孩子们已经吃得够多了，但生活的苦，孩子却没有吃过或吃得太少，没经过生活的磨炼，经不起挫折。

从小先吃点儿苦，对于习惯了温暖舒适的孩子们意义深远。在人生的起步阶段，经历一下生活的风雨洗礼，羽翼才能丰满，飞翔方能更稳健。发达国家注意到这个问题，刻意让孩子先吃苦。尽管日本的经济比我们发达，生活条件要比我们优越，但他们却有培养孩子从小经历磨难、挫折、吃苦的远见卓识。例如，日本人为了培养小学生的意志和毅力，在北风凛凛的冬天，把穿着短裤的小孩子叫到露天操场，排着整齐的队列站两个小时，可以想象他们长大了会有怎样坚强的毅力。

要鼓励孩子自立。就是要让孩子自己的事情自己负责。在家里，要求孩子独立完成自己的生活起居，布置、清扫自己的房间，整理自己的物品等；学习上，要培养他们独立思考，独立练习，独立完成的能力。心理上，要养成独立习惯，不要事事依赖别人，自己的事情应该由自己做主。遇到问题时，家长要让孩子自己去思索、探讨、研究，要尊重孩子的意见，这样才能培养孩子独立思考问题的能力，树立主见，从而为孩子以后做事的主动性打下基础。

第二章　爱孩子，就要对他们严格要求

- 爱孩子，就要从严要求孩子
- 欣赏孩子，但也不能忽视孩子的错误
- 及时给孩子“剪枝打杈”
- 当孩子乱花钱时，引导他
- 当孩子结交不良朋友时，规劝他
- 当孩子有不良习惯时，改变他
- 当孩子任性时，纠正他

爱孩子，就要从严要求孩子

我们的孩子，常常犯一些低级错误。例如，在学习中忘记读题、答非所问、字迹潦草等；在生活中，开口粗话、举止不规等。这类问题，说大不大，说小也不小，与平时没有对他们进行严格教育有关。有道是"严师出高徒"，这是中国几千年教育经验所得，是人们一致认可并极力推崇的。作为父母，在生活中要严格要求自己的孩子。对孩子严格要求，其实也是一种爱的表现。

提起严格要求孩子，似乎与提倡发展个性与培养创新精神相矛盾，许多人就是打着这样的旗号，主张对孩子的教育要任其自然，发展个性，以至于造成一些父母对孩子不管不问，放任自流；或者在学习上对孩子过于苛刻，在其他方面又过于溺爱。这两种方式都是走极端，并不利于孩子的成才，更不利于孩子个性发展和创新精神的培养。

（1）对孩子严格要求的原则

首先，对孩子提出的严格要求要合理和适当，既符合孩子实际情况又有利于孩子身心健康，同时孩子经过努力能够做到。如果父母对孩子的要求过高，让孩子怎么努力也达不到，这反而会让孩子失去信心。

此外，父母对孩子提出的要求还要明确具体，让孩子明白应该干什么，怎么干，不能模棱两可，让孩子无所适从。父母的要求提出来后，要督促孩子认真做到，不能说话不算数，干也行，不干也行，这样是起不到教育效果的。

（2）怎样对孩子提出严格要求

首先，要让孩子具有承担责任的勇气。

孩子在某一方面做错了，家长不要姑息迁就，要让孩子知道，做错了事情不是由父母替孩子承担责任，而是由自己承担，要通过自己的努力去弥补过失。

1920年，11岁的美国男孩踢足球，不小心打碎了邻居家的玻璃，邻居向他索赔12.5美元。在当时，12.5美元是笔不小的数目，足足可以买125只生蛋的母鸡。闯了大祸的男孩向父亲承认了错误，父亲让他对自己的过失负责。男孩为难地说："我哪有那么多钱赔人家?"父亲拿出12.5美元说："这钱可以借给你，但一年后要还我。"

从此，男孩开始了艰苦的打工生活，经过半年的努力，终于挣够了12.5美元这一"天文数字"，还给了父亲。

这个男孩就是日后成为美国总统的罗纳德·里根。后来里根总统在回忆自己小时侯打碎玻璃这件事时说："一个人要勇敢地承认自己的错误，要勇敢地承担自己的责任。只有勇于承担责任的人，才能成为一个大有作为的人。"

其次，要培养孩子抗挫折的能力。

现在的孩子大多缺少失败和挫折的磨炼，许多孩子长大成人后往往缺乏独立生活的能力，在困难和挫折面前，要么畏首畏尾，裹足不前；要么自暴自弃，走向歧途。现在几乎每年都有学生自杀的案例，其中不乏小学生、中学生，更多的是一些大学生。究其原因，是父母没有给予他们最基本的，也是最重要的挫折教育。

16岁的峰峰，是一个老实本分的中学生，只是性格内向懦弱，害怕失败，结果越怕越失败。参加中考时，第一科语文题本来较简单，可他写作文时跑了题。出了考场发现了，中午大哭了一场，情绪不好。下午的物理本来会做的题，又因马虎丢了十几分。本来，如果他发挥得好，能进重点高中，但现在看来没希望了。考试结束了，他闭门不出，愁眉苦脸，成天闷闷不乐……

看来，峰峰是一个抗挫力较差的孩子。一个抗挫能力差的人面临困难、失败、不顺、干扰等挫折时，往往灰心丧气，忧郁悲观，严重者还会一蹶不振。因此，提高孩子的抗挫力是十分重要的。

日常生活中的挫折有很多，例如，学走路时摔跤、和小伙伴发生冲突、考试考得不好等。孩子在受挫后如果得不到合适的引导，常会失去自信，产生退缩之感，甚至变得越来越软弱；如果得到合适的引导，孩子则会坦然面对挫折，渐渐培养出对挫折的承受力、意志力。

一个人要想成就一番事业，必然要经历许多失败和挫折的考验，孟子曾说：“故天将降大任于斯人也，必先苦其心志，劳其筋骨，饿其体肤，空乏其身，行拂乱其所为，所以动心忍性，增益其所不能。”当孩子面对困难和挫折时，有时候考验的往往不是孩子的勇气，而是父母的勇气。一位成功母亲的话很值得我们借鉴，她说：“我之所以不娇惯孩子，是因为我心里想的不是孩子现在可怜不可怜，我想到的是将来，她大部分时间不在我身边，如果我现在为她准备一个没有四季变化，只有春天的温室环境，那当她进入现实社会后，必定难以适应。到那时候，我也无能为力了，她才会真的可怜。”

时至今日，人们愈加认识到抗挫折能力的重要，以致许多有远见的人纷纷提出，一定要下大力气培养下一代抗挫折能力。要让他们经受磨炼，让他们承受压力，让他们经受误会。生活的海洋越广阔，风浪就越大；成功的机遇越多，受挫折的次数也越多。外国有的学校，甚至把学生送入孤岛，老师们离去，让学生学会死里逃生。许多理论家发表了成千上万篇论文，论证“抗挫折能力”“磨难教育”“压力教育”“淬厉教育”“死里逃生教育”的必要性。

最后，要培养孩子的耐心和自制力。

自制力属于意志的范畴，不是与生俱来的，而是后天培养的结果。父母培养孩子的自制力，要从孩子日常生活的一点一滴做起，反复磨炼。要培养孩子不达目标誓不罢休的意志品质，只要孩子认准的事情，就要鼓励孩子义无反顾地做下去，让孩子想方设法达到目的。家长不必苛求孩子所做的事情十全十美，只要孩子能坚持下来，就是孩子走向成功的重要一步。

总之，从小对孩子严格要求，孩子才会养成各种良好的习惯，只有我们对孩子严格要求，孩子才会对自己要求严格。我们一定要以精益求精的标准来要求孩子，让孩子变得越来越懂事，对自己的要求也逐渐提高，相信我们的孩子将来一定会有一番成就的。

欣赏孩子，但也不能忽视孩子的错误

赏识教育，是我们必须遵守的教育理念。为什么要强调赏识教育呢？因为人类除了生理需要外，还有更高层次的社会需要，比如交往的需要、受人尊重的需要、自我实现的需要等，这些社会性需要从婴儿期就开始陆续产生和发展起来，随着年龄的增长，社会需要的内容与层次就会更加发展，成为伴随人心理活动不可缺少的一部分。而赏识教育正是根据儿童这一心理特点，在承认差异、尊重差异的基础上产生的一种良好的教育方法。

有人认为，孩子是夸出来的。特别是对于低年级学生来说，更需要家长和老师多多鼓励，一个鼓励能使孩子们终身受益。如果家长一味地训斥孩子，则会起到相反的作用。正如日本著名儿童小提琴教育家铃木镇一在其《孩子才能开发》一书中说："在孩子身上，存在着不可估量的潜在能力，虽是处在他们的双亲'摧残'之下，然而还是发挥出难以想象的能力，只要抛弃错误的教育方法，则无论什么样的孩子，其能力的幼芽都能茁壮成长，所以说，孩子能力的幼芽是被大人掐掉的。"

生活中也不难看出，小时候，孩子的眼睛总是亮晶晶的，可上学后，就慢慢变得暗淡无光，把人世间最大的欢乐求知异化成了人世间最大的痛苦。这引起了许多教育家的深思，铃木镇一在与孩子们的接触中发现，在每一对父母教育孩子学说话、学走路的那个阶段，孩子进步最快，父母的心态最好，家中总是充满了欢乐，因为父母总是用最欣赏最得意的目光关注着孩子从零开始的每一点进步。他的发现给赏识教育提供了强大的支持力。

赏识，其本质是爱。学会赏识，就是学会爱。人性中最本质的需求就是渴望得到尊重和欣赏。赏识教育的特点就是注重孩子的优点和长处，逐步形成燎原之势，让孩子在“我是好孩子”的心态中觉醒；而抱怨教育的特点是看重孩子的弱点和短处，小题大做，无限夸大，使孩子自暴自弃，在“我是坏孩子”的意念中消沉。

赏识导致孩子成功和进步。不是好孩子需要赏识，而是赏识使他们变得越来越好；不是坏孩子需要抱怨，而是抱怨使他们变得越来越坏。赏识教育的奥秘在于让孩子觉醒，每一个生命觉醒的力量是排山倒海、势不可当的。

赏识教育不是单纯的表扬。在民主气氛下长大的孩子自信心强、性格独立。然而世界上没有绝对的民主，只有相对的自由。对于孩子身上的缺点，绝对不能姑息迁就。既要赏识也要批评；既要用积极的眼光看待孩子，以激发孩子的成长潜能，也要指出和纠正孩子的问题，让孩子的成长有一个正确的方向。两者结合，孩子才会有真正健康的心理。如果把赏识教育、激励教育等同于说好话，那么赏识教育就被俗化了，认为赏识就是多表扬，在孩子身上拼命挖优点，然后夸张地进行赞赏，而赞赏的词句也很匮乏，无外乎“你真棒”“你真聪明”“你回答得真好”；而对于缺点，却是轻描淡写，甚至沉默。长此以往，孩子认识不到自己的缺点，就无法建立是非观。

近年来，“星二代”“官二代”劣迹的报道频频见诸报端。如星二代李某涉嫌轮奸一案，就反映了当前普遍存在的家教问题。在这一次“涉嫌轮奸”之前，李某已有过一次广为人知的劣迹，即他15岁时因“驾车打人”事件被劳动教养一年。

家庭是社会化过程的开端，如果家庭氛围不健康，家长教养出问题，就会导致社会化过程从一开始就偏离健康轨道。这是造成孩子适应社会不良的根源。名门之后屡出问题，其实父母难辞其咎。李某的父亲——一位知名歌星在处理儿子问题时的态度，可见其对儿子的溺爱和放纵。李某驾车打人之后，出面道歉的竟是父亲，要求和解的也是父亲，而作为当事人的李某并没有表现出悔过的诚意。试想，如果李某在"侵犯他人"之后仍心安理得，而外界对他亦缺乏惩戒，只会导致其出现更为严重的"行为障碍"。当孩子的自我意识觉醒后，眼睛向外探索世界，心理上逐渐疏离身边的父母，又因社会经验不足、思想不成熟，容易受社会风气和同辈群体的影响，出现叛逆及一些行为偏差。这时候，如果不加以约束和引导，孩子就会滑向歧途。

所以，作为父母，一旦发现孩子有问题，要积极帮助他们分析问题、明辨是非，做到不护短、不包庇，不抛弃、不放弃。不迁就孩子不合理的要求和不良行为，态度明朗地指出其问题及为此应承担的责任。适度的惩罚是必要的，目的是让孩子吸取教训。父母切忌替孩子承担责任或粉饰太平。

孩子都是有缺点的，面对缺点，有的家长认为，关注孩子的缺点，对孩子进行训导和惩罚，可以制止其不良行为的发展。其实，对孩子来说，这种惩罚和训导都似乎是一种奖励，因为这一行为引起了父母的重视，孩子对这一行为印象深刻。这就是不少孩子爱做恶作剧的原因。

这时，我们不妨换一个方式，就是正强化，就是说，我们对孩子表现出来的良好行为给予肯定和表扬，使孩子感到高兴，以后愿意再重复这种良好行为。有些父母总是盯着孩子的缺点，并翻来覆去地讲这些缺点，这称为负强化。负强化不仅改变不了孩子的不良行为习惯，反而易于强化这种习惯。举例说，有些孩子有偏食的毛病，父母很着急，于是逢人便说："我这孩子只吃鸡、鸭、鱼、肉……蔬菜一点儿也不沾，真让人着急。”当着他人的面数落孩子，这更会加剧他的缺点，如此强化下去，孩子改掉偏食的毛病几乎不可能。在纠正其他缺点时，最好也要采取正强化的方式，关键是要及时发现孩子的缺点，及时纠正，用正确的方式纠正。而护短和代子受过，则是万万不可取的。

及时给孩子"剪枝打杈"

5岁的林豆，在家里接到一个电话，原来是爷爷。爷爷说："林豆，让你爸爸接电话。"林豆就朝着爸爸喊："爸爸接电话。"爸爸："宝贝，是谁来的电话呀?"林豆扮着鬼脸说："不是别人，是你家的老头子。"她的调皮话，引得全家人哄堂大笑，都夸林豆真聪明。

然而，不久之后，又发生了类似的问题：林豆在接电话后，总是直呼其名。她的爸爸开始意识到了什么，觉得林豆有点儿没规没矩，不能再任其自然了。于是，爸爸开始跟林豆讲道理，教育她从小要做一个有礼貌的好孩子。林豆也意识到了自己的错误，以后没有再出现这样的问题。

林豆的爸爸注意发现孩子身上出现的坏苗头，及时予以纠正，这种做法很正确。孩子的可塑性很强，能学好，也能学坏；孩子自身的判断力不强，很多行为都是看周围人的反应而强化或消退。如果身边的人赞同他们的行为，下次就可能做出这样的行为；如果身边的人指责他们的行为，或表示不快，那么下次他们就不大可能出现同样的行为了。

事实上，很多孩子身上的缺点都是由于周围人（包括父母、亲友、保姆等）对孩子平时行为的不当反应造成的。所以，作为父母，对孩子的良好行为必须及时肯定，对不良行为也要予以坚决否定才行。

“星星之火，可以燎原”，如果是一点儿小过错，不加以正确处理，不断纵容，也会累积成大过。因此，父母在教育孩子时，一定不要无视或纵容小过错，要不然只会害了孩子。有些父母正是这样，他们对孩子的小错误总是表现得很宽容，如果心情好的话，甚至还要赞扬两句。等到孩子把小错酿成大错时，又变得怒不可遏，责罚孩子。这些教育孩子的观点、行为只能收到适得其反的效果。所以，当孩子犯了错误时，父母对孩子进行教育要赏罚分明，孩子做得好要给予奖励，但孩子做错事时也一定不能姑息，哪怕只是小错误也要进行适度的处罚，这样孩子才能正视自己的错误，及时改正。

那么，如何改变孩子的不良行为呢？

首先，要找准目标。

在着手改变孩子的行为之前，要搞清楚孩子需要纠正哪些不良行为，而不是简单地说孩子“讨厌”“不听话”“烦死了”等。必须客观、理智地分析孩子存在的问题，在一张白纸上画一条竖线，左边写上“多做什么”，右边写上“少做什么”，当孩子能够克服一个缺点了，就把缺点画掉一个。家长和孩子一起监督这些不良行为的逐渐改变。

其次，采取有针对性的措施。

不良行为一旦形成习惯，就会反复地出现。为此，家长应当采取一些具体的措施来帮他们克服。如花钱无度的孩子要钱时，必须问清楚用途和数目，再决定给不给或给多少，过后还要追问孩子是怎样花钱的，收回孩子剩余的钱。让有严重不良生活习惯的孩子到较艰苦的地方去锻炼，更换其居住、生活的条件，也能促使他改掉坏习惯。现在北京等大城市的不少家长，把孩子送到条件艰苦的县城求学，不能不说是明智之举。

对有些孩子还可以用“激将法”。巴西球王贝利童年时曾染上吸烟的恶习。有一次他正在抽烟，爸爸过来看见了，吓得他把烟头捂灭。然而，父亲却像老朋友似的对他说：“你踢球有点儿天分，要是吸烟损坏了身子，球就踢不好了，这事你自己决定吧！要是你还要抽，最好抽自己的，老讨别人的烟很丢人！"说着把仅有的几张钞票递给了他。小贝利感动极了，从此他在绿茵场上驰骋了几十年，再也没有吸过一根烟。

不过，家长们的教育方法一定要统一。每位家长的态度都要一致，不能爸爸严，妈妈松，爷爷赞成，奶奶反对。家长管教孩子的意见不一致，不利于纠正孩子的坏习惯。对孩子要以鼓励和表扬为主。孩子失败的时候要鼓励他，正确的时候要表扬他，让孩子知道你希望他怎么做。

最后，通过制定家规来约束孩子的行为。

孩子的自我控制能力较弱，有的已经改正的坏习惯还可能再犯。为了巩固孩子纠正不良生活习惯所取得的成绩，促使其沿着正确的方向不断进步，可以制定一些家庭生活规范，使孩子的行为有所约束。

一般来说，家庭都有治家规范，有的是明确规定代代相传的，也有的是互相理解自然遵循的。建立家规，首先要树立"角色"的意识，明确"角色"任务。父母要让孩子从小就懂得家里有一些规矩人人要做到，有些事大人可以做，孩子不允许做。

在家长制的条件下，家里的一切由一家之主说了算；在民主型的家庭里，治家的规范是建立在尊重每个家庭成员的权利和义务的基础上，每个家庭成员都有权表述自己的意见，但并不是说所有成员的权利和责任都是同等的，这一点必须明确。

例如：早上见到问好，晚上讲晚安；离家外出、回家时对家里人打招呼；带同学回家或邀请客人事前应征求家里人的意见；家里公用的东西有固定位置，用后最好归还；家里各人放东西的抽屉，不可随意乱翻等。一家人看电视某人有自己的爱好，应协调安排，某些节目成人可以看，孩子不宜，就要严格限制。

荣荣上大班了，老师说她比其他孩子懂事。在家里，爸爸给她定了简单的家规：自己洗澡，八点半睡觉，不喂饭等。而且爸爸执行得很坚决，在女儿面前从不表现出心软。几年下来，她就养成了良好的习惯，每天自己起床，自己吃早饭，自己去上学，晚上做完作业后看一会儿电视，然后自己洗澡睡觉，都不用大人操心，学习成绩也很优秀。

从上面的案例可知：诸如孩子不按时刷牙、走路爱踢石子、不按时洗澡、随便弄坏钢笔、乱撕作业本等不听话行为，都可以通过制定家庭规范给予限制，并坚决让其更改。家规的制定要发扬民主，由全家人讨论制定，对孩子既要有约束作用，又要符合实际情况，使孩子经过努力可以做到。家规制定出来后，一定要严格执行，定期总结；还要在执行家规的同时，改善家庭的软环境，家庭成员之间要互相尊重、互相关心。

当孩子乱花钱时，引导他

帆帆上小学，总是向父母要钱买东西。他每天要花十几元钱，连没用的东西也买，真可谓大手大脚、没有节制。而他买的这些东西，多是吃的和玩的，学习用品则很少。后来，他在校搭餐，这下更有要钱的理由了，每天 20 元到 50 元不等，有时多达 100 元，连父母都疑惑：帆帆的钱到底花到哪里去了？

是帆帆家庭富裕吗？其实不然，他的父母只是普通的双职工，收入并不高，为了支付生活费用，可以说有时显得比较拮据。父母省吃俭用，叮咛帆帆花钱要节省，帆帆表面答应，但还是我行我素。父母想控制他花钱，却束手无策：不给吧，帆帆生气哭闹；给吧，帆帆乱买零食，对主食不感兴趣，这无疑会影响他的健康。父母真不知道怎样处理这个问题。

我们知道，钱本身无所谓好与坏，因为它是物质交换的一种媒介，是生活中必不可少的物品。孩子有一定的零用钱，本身不是什么坏事，关键是要教育和引导，让他们正确管理和使用手中的钱，从小树立正确的金钱观和消费观。孩子乱花钱，只能说明父母缺少对子女的理财教育。有研究表明，少儿时期的理财方式，往往会跟随一个人的一生。可以说，人的理财能力，关乎人一生幸福和快乐。为此，我们务必从小教育孩子懂得节约用钱，合理使用每一分钱，并把节俭的习惯传授给孩子，进而获得自立能力。

在对待给不给孩子钱用的问题上，父母要根据孩子的年龄、特点、兴趣、爱好和家庭经济状况等实际情况，有计划、有指导、有监督地给孩子一些零用钱，满足孩子的合理要求，增加孩子独立生活的本领，发展孩子的课外兴趣爱好和求知欲望。绝对不可随意给，一次多给，无计划、无指导地乱给孩子钱用，甚至用钱“买静求安”，也不主张不给孩子钱用。美国畅销书《钱不是长在树上的》的作者戈弗雷认为，孩子们可以把自己的零花钱放在3个罐子里。第一个罐子里的钱用于日常开销，购买在超级市场和商店里看到的“必需品”；第二个罐子里的钱用于短期储蓄，为购买“芭比娃娃”等较贵重物品积攒资金；第三个罐子里的钱则长期存在银行。这个主张可以作为我们的借鉴。

父母也要明确孩子怎样花钱才是乱花钱。“乱”是指孩子经常乱买东西，乱消费。譬如，像帆帆那样经常乱买零食和玩具，特别是买不卫生的垃圾食品，进孩子不该进的网吧、游戏室等，不择手段向父母乱要钱等。对于孩子花钱大手大脚，不计划开支的行为习惯，我们必须改变自己的教育观点，及时纠正孩子这种乱花钱的习惯。

(1) 培养孩子的责任心，节制孩子乱花钱

我们要从小培养孩子合理的消费观，帮助孩子学会勤俭节约，珍惜父母的劳动。如果孩子的要求是合理的，父母不妨在力所能及的条件下给予满足；对于一些无理的要求，父母当然要拒绝。有这么一个学生，他向父亲要一元钱比其他同学向父母要十元钱还要难。但他的父亲却是一位有名的富翁。他的父亲认为，这样做是帮助孩子养成责任心，是让孩子从小知道钱来之不易，从而养成节俭习惯，这样将来才能有所作为。如果每一位父母都把孩子的消费看做培养孩子成长的问题，就会正确看待孩子乱花钱的现象，这才是真正的爱孩子。

(2) 帮助孩子制订开支计划，指导孩子合理用钱

父母的责任，是帮助孩子制订开支计划，指导并监督他们合理使用零花钱，

包括压岁钱，这也是在培养孩子做事和做人。在帮助孩子制订开支计划时，要使孩子明白什么是必要的、亟需的，应该优先予以考虑。不妨让孩子做一个账本，作为自己日常花费的记账。强调孩子的钱归孩子自己使用，但要一笔一笔地记在账本上。每到月底，父母检查一下账本，做个分析，以起到监督孩子支出的作用，明白孩子的钱花在哪里，有哪些钱是不该花的。在跟孩子讨论花销记录时，要让孩子明白每月应该花多少钱，怎样才算适度，告诉孩子在消费上要以"吝啬"为宜，即使有节余的，仍然归孩子自己，如果不够花，也不会填补。同时，父母给孩子的零花钱也要有限额。一旦发现孩子有乱花钱的现象，就扣除或减少下月的零花钱，以示惩罚。

在这个问题上，我们一定要坚持监管。现在的孩子压岁钱一般较多，加上每月每周的零花钱，更是不少。在这种情况下，加强监督是非常有必要的。如果放任自流，任凭孩子胡花乱花，花完了又经不住孩子的要求，继续给零花钱，最终孩子一定会养成不良消费习惯。所以，父母要引导孩子计划开支，帮助孩子科学、经济地合理使用，端正孩子的消费观念。例如，压岁钱可以由孩子合理使用，随着孩子年龄的增长，同他们一起制订理财方案。让孩子掌握"主权"，父母充当"参谋"和"指挥"的角色。正确理财和合理使用压岁钱，能够避免孩子乱花钱，培养孩子做事的计划性和条理性。

（3）让孩子参与家庭经济活动，学会理财

父母可以让孩子适时参加家庭经济活动，充当临时的"管家"，知道钱来得不易，花得容易，以克制乱花钱。在家庭生活中，应该崇尚节俭，适时地让孩子当一段时间的财务主管，让孩子当家懂得柴米油盐之贵，才知道生活的艰难；让孩子知道钱是怎样辛苦赚来的，又是怎样在父母手中合理花费的，懂得赚钱的艰难，养成勤俭节约的品性；让孩子克制乱花钱，学会对自己的钱负责和合理使用。学会理财，这是孩子终身受益的处事能力。

(4) 鼓励孩子参加劳动，赚取零花钱

从小让孩子懂得钱是挣来的，不是要来的。不妨同孩子签订财务协议，鼓励孩子做家务活，赚取零花钱，树立自食其力的观念。在财务协议中，对孩子的要求要适中，允许孩子犯错误，并用他的错误来督促其自我改进，而且平等地对待孩子，让孩子产生自我管理金钱的乐趣。例如，给父母擦皮鞋、扫地、灭蚊蝇等，以赚取少量的“劳务费”；积少成多，直到所得劳务费足够购买心仪的物品为止。父母还应通过种种途径，让孩子体会生活的艰辛，懂得“不劳动者不得食”，迫使孩子从小摒弃“不劳而获”的依赖感，树立自食其力的观念。孩子取得劳动所得之钱，更加珍惜花“自己的钱”，就不会随意挥霍，也不必总是向父母伸手要钱。

(5) 让孩子养成储蓄的习惯

父母多鼓励孩子将自己的积蓄存到银行，就是把钱安全地存放起来，并使之增值，到一定数目时，可以取出买大件物品或作旅游基金。这样有助于孩子养成储蓄、不乱花钱的习惯，体会积少成多的道理，体验存钱的益处，享受理财的乐趣。另外，父母不妨学习外国家庭的做法，在消费上各自付各自的账。这样家庭中的孩子一般不会因父母不为自己埋单而生气、大哭大闹。

(6) 理性引导孩子的购买要求

生活中，常见一些家长或长辈这样哄孩子：“宝贝听话，小汽车家里已经有很多了，别再买了。”“我说不买就不买，你走不走？你不走我自己走了，你一个人在这里蹲着吧。”“好了好了，怕了你了，这是最后一次给你买小汽车了，以后跟我出来买菜不准买玩具！”

在上述场景中，如果家长不同意购买，孩子就在地上哭闹、打滚，非买不可。有的家长认为，不能老这么惯着孩子，有了第一次，就会有第二次，以后他想要什么就非要买什么，会把孩子惯坏。如果孩子赖着不走，就硬生生地抱走。

有的家长很无奈，孩子倔强，不给他买就哭天抹泪，听着孩子的哭声，自己也觉得心疼，最后还是买了。

面对孩子为了得到某种物品在地上打滚哭闹的情况，父母不能妥协，但在不买的同时，也要给孩子平等和尊重。如果强行把孩子抱走，让他远离玩具摊，虽然快速了当，但这会给孩子留下创伤。孩子的问题大多会在青春期大肆爆发，那些得不到平等和尊重的孩子，在青春期时会非常叛逆，引导不好甚至走入歧途。最好的办法，实行"ABC 原则"：

A. 事前约定：如果逛超市，家长在出门前与孩子约定好，爸爸妈妈只能买什么，孩子只能买什么，商量好了再出门。约定要本着不伤害别人、不妨碍别人的原则来制定。

B. 事中提醒：如果已经约定好了，就要坚决执行。当孩子遇到不在计划之内自己想买的东西时，就要提醒孩子："我们约定好了，不能买其他的。"而这时也是家长在孩子心中树立威信的时候，家长在逛超市时也不能随意买约定范围之外的东西。

C. 事后总结：从超市回到家里，家长可以对孩子说："今天宝宝在超市看到了很喜欢的玩具，想买，但是还是遵守了与爸爸妈妈的约定，宝宝这样做非常棒！我们现在来讨论，宝宝喜欢的那个玩具是否真的有买的必要？要不要下次去的时候再买?"孩子多数会说："不需要了。"

生活中还有一种情况，就是孩子不管他喜欢的东西有多么贵，坚持要买。例如，平平最近迷上了樱桃，总是让妈妈买来吃。然而，这种水果的售价是每公斤 80 元，不是普通人能吃得起的。当平平再次提出要吃樱桃时，妈妈装起了傻："你要的东西，是红枣吗?"但平平知道她要的东西不是红枣，开始向妈妈描述。妈妈没办法，只好时不时买给她吃，钱花得好心疼。

平平妈妈尽量满足孩子的需求，不伤害孩子的做法是可取的，也就是说，家长应该接纳孩子对事物的喜好，明白孩子有想买他喜欢的物品的需求。平平妈妈可以这样对女儿说："妈妈知道你很喜欢吃樱桃，妈妈也很喜欢吃，但是樱桃价格很贵，如果我们总是吃，妈妈会感到压力有点儿大。我们来想一个办法让宝宝既能吃到樱桃，又能大家开开心心的方法好吗？"接下来，通过动之以情、晓之以理，与孩子约定，如一个月只买一次，一次吃多少颗等。让孩子慢慢理解并按约定持续去做。

当孩子结交不良朋友时，规劝他

国国是个初中生，以前都很听父母的话，而且成绩也不错。可慢慢地，国国开始厌学，甚至还不想上学了。这让父母伤心不已，他们认为这与国国结交了不良朋友有关。因为自从上学期国国与社会上一些不良少年一起玩耍后，学习成绩就开始下降了，而且开始厌学。现在，全家都很担心，他们不想让国国接触那些人，但是国国却坚决不干。父母说重了，担心孩子有逆反心理，做出什么偏激的事；说轻了，却对国国起不到任何作用。现在，父母很伤心、烦恼，实在想不出什么好的办法能让国国回到从前的样子。

还有一个孩子叫雄奇，也是一名初中生，有一段时间，他就像突然变了性格似的，买衣服要买名牌，要不然就不穿，还说父母的观念很老土。父母还发现，儿子竟然开始抽烟，经常逃课。经过一番调查，父母终于找到了原因：雄奇经常与社会上的一群"不良少年"交往。无奈之下，父母把儿子转到一所封闭式学校。上周末，当父母到校接儿子时，却从老师口中得知，雄奇早已请假回家了。然而，直到第二天下午，雄奇才回家。一算，他整整出走了5天。父母对他是打也不是，不打也不是，伤透了脑筋。

父母都认为，近朱者赤，近墨者黑。每个家长都希望自己的孩子交到优秀的朋友，希望孩子能向他们学习，而如果孩子交到了"坏朋友"，家长则会生出很多担心，这是正常的。的确，孩子考虑问题还不够成熟和全面，也容易受到别人的诱导，同时，孩子一般都会有得到群体认同的心理，身边的朋友对他们的影响非常大。

交友不慎是很多孩子走上歧途的主要原因。孩子天生“爱扎堆”，特别是青春期的孩子，社会意识逐渐增强，渴望融入团体，希望在同伴交往中实现自己的价值。相对于对父母言听计从的小学生和开始有一定判断力的高中生来说，处于叛逆期的初中生更易受到朋友的影响。因而，初中是孩子交友的关键期。很多小学时品学兼优的好学生，只因为初中交友不慎，受到负面影响，而卷入校园暴力事件和刑事案件。

孩子为什么会在社会上结交一些不良朋友，而拒绝家长的劝告呢？专家认为，孩子之所以容易与社会上的“混混”结交，同家长的不良教育有关。事实证明，有三类孩子容易交上“坏”朋友：不被父母尊重者、被父母严格要求者和家庭成员关系不和谐者。

为什么不被父母尊重的孩子，容易结交不良朋友呢？心理学家马斯洛认为，人在基本的温饱、安全需求得到满足之后，得到别人的尊重就会成为一个人很突出的需要，孩子也是一样，甚至需求更强烈，他们渴望父母对自己的尊重、理解和信任。

然而，在现实中，很多父母往往忽略这一点，他们觉得孩子不懂事，不成熟，自己的想法孩子理所当然要执行，对孩子自发的很多行为往往恣意打击、讽刺，长此以往，孩子就会对父母产生怨言，内心深处被尊重、被认可的需求被压抑。而在叛逆、率性的同伴中，他们可以畅所欲言，互相理解，得到同伴的尊重甚至崇拜，他们能从同伴们的认可中满足自己的心理需要。

有个叫青青的女孩子，她的父母希望她将来成为一个优秀的人，因而对她要求非常严格。小学时，青青一直是班干部，学习也名列前茅。进入初中后，妈妈的高压政策让正值青春期的青青感到很压抑，于是她开始逆反，逃课、上网，通过网络结识了高她两级的邻校男孩。而这个在青青眼里很酷的男孩，曾经因偷盗被拘押过。在这个男孩的鼓动下，青青也开始偷家里的钱，去夜总会唱歌、跳舞，甚至夜不归宿。也就是说，自从青青交了“坏朋友”后开始变得暴戾。有一次，妈妈批评青青夜不归宿，青青却拿起茶杯砸向妈妈，把妈妈吓蒙了。在学校里，同学们也越来越怕青青，因为她常把“不行就干了你”挂在嘴上。甚至连老师批评她，她都会口吐脏字，做出要打人的姿态。

青青父母的失败，恰恰体现了父母在“恨铁不成钢”心理的指使下，采取高压政策，生生将孩子推向了社会，推向了不良朋友身边的现象。

为什么说，父母管理过严、期望过高的孩子，也容易结交不良朋友呢？一些孩子在家里并没有多少自由，每天的时间安排都是大人定好的，平时放学了有无休止的作业等着自己，到了周末和假期又要上不少辅导班，家长对孩子抱着极高的期望。在这种高压的环境下，很不快乐，孩子压力很大，无论怎么努力都得不到家长的鼓励和支持，反而常常被责骂，所以就干脆放弃努力。而“坏朋友”这个群体里面绝大多数孩子都有家庭的原因和学业不成功的问题，大家能同病相怜。

为什么说，家庭内部不和，父母关系不佳的孩子，容易结交不良朋友？有的家庭内部关系不和谐，比如夫妻感情不和，经常吵架、冷战，或者父母离异，也有的孩子从小跟祖辈一起生活，长大后才来到父母身边，跟父母之间有隔阂。这样的孩子难以从家庭中得到温暖，缺乏安全感，所以就希望从其他地方得到些感情上的支持，坏孩子群体刚好能满足孩子的这个需要。

为此，父母要改变孩子，先要多反省自己，想想孩子的变化有没有自己的责任？在教育方法上是否有不妥的地方？只有这样，孩子才有可能渐渐疏远那些影响他学习的人和事。对父母来说，等到孩子已经“变坏”了才想法子，实际上已经有些晚了。

(1) 沉着应对，用智慧感化孩子的心

小奇和一个经常打架斗殴的男孩子成了好兄弟。父母担心他会学坏，从此严加看管他，限期要他与那个男孩子一刀两断。可小奇根本不理睬父母的劝告，同那个男孩子的交往反而更加密切了。后来，父母冷静下来，采取耐心沟通的方式，同小奇交流。原来，那个男孩子会一点儿“拳脚”，喜欢武术的小奇崇拜他，所以才跟他走得近一些。了解之后，父母给儿子报了一个武术班，每个周末上课。当小奇学到真正的功夫后，那个男孩子的花拳绣腿就激起不了他的兴趣了，小奇渐渐疏远了他。

父母一旦发现自己的孩子在社会上结交不良朋友，要冷静不要急躁，更不要使用暴力和极端方式处理，因为这样做是无效的，甚至起反作用。要知道，孩子的年龄小，涉世不深，识别是非的能力差，被“朋友”的假象迷惑是在所难免的。所以，要耐心细致地开导孩子，让他们看清楚自己所交“朋友”的真实面目，在教育孩子的过程中，动之以情、晓之以理、导之以行。在摆事实讲道理的过程中，把怎样选择朋友的道理告诉孩子，让孩子感受到父母的干预是为了自己的健康成长考虑，而不是有意干涉他们的自由。

所以说，处理这个问题，沉着地应对才是上策。明智之举是运用智慧，将引导、说服、关爱、信任等交织起来，让孩子真正感受到亲情的温暖。而打骂则会造成孩子心理上“归属感”转移，反而让那些父母眼中的坏朋友更有魅力。有的孩子由于受到父母的惩罚与驱赶，一气之下出走，更渴望从朋友那里得到心理上的补偿，同时还产生对家庭的厌恶感和对父母的反抗情绪。

(2) 对孩子所交朋友要全面了解

父母不要有过度的顾虑，更不要有定式思维，觉得孩子交了不良朋友，就一定会学坏。事实上，有些孩子虽然会做出某些出格的事情，但本质上并没有那么坏。这些孩子多半是由家庭或者社会的原因造成的，他们从小受到社会的歧视，如果你能够尊重他们，他们也会受到感动，把你也当成朋友，你再劝导他，才有可能起作用。因此，遇到这类的孩子，不要戴着有色眼镜看待，更不要呵斥或者责骂，而是要尊重他们，平等对待他们。基于这个认识，我们完全可以让自己的孩子把朋友请来家里，以便自己做全面的认识和了解，然后寻找合适的对策。实际上，通过面对面了解，我们可能会发现这些孩子身上的优点，使自己改变一些成见。

（3）帮助孩子建立正确的交友观

有个关于学生对交朋友看法的调查，结果表明，认为多个朋友多条路的有13.4%；认为在家靠父母，出外靠朋友的有9.5%；认为可为朋友两肋插刀的有13.1%；认为友谊就是力量的占25.3%。现在的孩子大多数在这种思想指导下广交朋友。一般孩子有1～3个朋友，多的4～6个朋友。朋友们在一起学习、玩耍、讲故事、谈心、唱歌、弹琴、打球，非常协调。但也确实出现了一些令人瞠目的现象：有的孩子凑在一起看黄色书刊，或弄支香烟过过瘾；有的相互嘲笑、捉弄、嫉妒、攻击；有的男女同学间递条子、送礼品、约会，公开地打情骂俏；有的为了图痛快，伸伸拳头，把人打得鼻青眼肿，还美其名曰"开玩笑"；有的和社会上的待业青年、流氓游民、中途辍学者、被学校开除的人混在一起，抽烟、打架闹事、搜腰包，什么都干。这说明，许多孩子在处理人际关系上存在心理障碍、情感障碍，导致行动上的错位。如果不及时矫正，必然会影响情绪，影响立身处世的道德培养，影响学习，影响人生道路的走向。

因此，父母要教育孩子树立正确的交友观，告诉孩子应该主动与兴趣相同的同伴交朋友，在生活中相互借鉴、相互帮助、共求发展。应该与性格互补的同伴交朋友，取长补短，提高自己多方面的能力。应该与善于交往的同伴交朋友，学习他们热情开朗、待人真诚、富有同情心、乐于助人、上进心强、独立自主、交往面广等优点，从而扩大交往面。应该主动与内向孤僻的同伴交朋友，让他们感到同伴的友谊、集体的温暖，克服以自我为中心、只关心自己、不关心集体和他人的缺点，使他们在学习生活中树立信心，培养责任感和多种兴趣。

（4）营造温馨宽松的家庭氛围

有些孩子之所以离开家庭，同社会的“混混”结交，是因为他们感到自己的家庭缺少温暖、宽松的环境。因为无法从家庭中感受到温暖和爱，没有安全感，没有得到父母的尊重或是父母用高压的手段来对待自己，由于没有自由，得不到快乐，他们才选择“出逃”。所以，父母要多抽时间陪陪孩子，聊孩子比较感兴趣的话题，让孩子在家里也能找到一种归属感，尊重孩子的想法和要求，关注孩子的心理需求。父母之间也要处好关系，如果父母关系不好，孩子就容易变得敏感、压抑。不要整天纠缠在孩子的小错误中，使之情绪对立。孩子在紧张、封闭、高压的环境里学习、生活会产生不满、厌恶、反抗等情绪。因此父母对孩子的要求不要过高，不要一切以自己的标准来衡量孩子，不要把成人化的要求强加于孩子，使他无所适从。要多与孩子感情沟通，了解他的愿望和苦恼，多肯定孩子的优点和进步，增强孩子的自尊心，改善孩子与同学的关系，增强学校和家庭的吸引力，生活充实了，快乐了，孩子自然会疏远坏朋友。

（5）如有必要，及时借助其他教育力量

当孩子出现某些苗头时，父母可以与学校取得联系。因为孩子的许多活动都在老师的眼睛里，老师也许能提供一些相关情况。而且，学校是专门的教育机关，老师是专业的教育工作者，他们掌握教育的规律，有一定的教育方法，父母可以向他们请教。如果孩子参加了一些犯罪团伙，父母就要毫不犹豫地与学校甚至公安部门取得联系，争取配合教育，采取必要措施。当然，这期间仍要给予孩子关爱。

当孩子有不良习惯时，改变他

柳陶是一个非常调皮的男孩子，处处都让人感觉到他的与众不同，经常干些令人心烦的事，经常欺负自己的妹妹和其他小朋友。一天，一位专家来做客，和柳陶一家共进午餐。在饭桌上，专家仔细观察了一下柳陶。他发现，柳陶在吃面包的时候，把面包皮细心地剥下来，然后用手把它捏成一个球形吃掉，而把剩下的部分丢在盘子里，同时还得意洋洋地对母亲说："妈妈，我把面包皮剥下来了！"这时，柳陶的妈妈训斥道："你怎么总是这样，居然还当着客人的面。"柳陶的爸爸更是火冒三丈。

专家看到这里，示意柳陶的爸爸不要发怒。饭后专家提供了一个"对付"柳陶的办法。第二次，柳陶故伎重施，像往常那样把面包皮剥下来后，也对母亲说："妈妈，我把面包皮剥下来了。"可是他的母亲只说了一声："我知道了。"柳陶问："你不说我了吗？"妈妈说："不说。"

奇怪的事出现了，柳陶从此改掉了剥面包皮的习惯。

还有一个小男孩，叫成建，染上了说粗话的习惯。一天，他在外面学会了说"屁股"两个字，便总在家里说。妈妈讨厌这两个字，就加以制止。可是相反，成建不但没有停止说这两个字，还一连几个星期编造出不少关于"屁股"的话，说什么"天上有个屁股""屁股点心""甜屁股"等。妈妈为此气得不行，最后干脆不理他。后来孩子发现这样说已经不能引起父母的注意，也就慢慢地不说了。

原来，根据专家的说法，孩子的那种做法就是为了引起别人的注意，即使被父母责骂，他也会觉得受到重视。在他眼里，父母的责骂就是一种奖励，而他的做法就是为了这种奖励。如上所讲，父母对柳陶的举动不闻不问，毫不关心，他自己也渐渐觉得没趣了，所以在不知不觉中改掉了坏习惯。

心理学家认为，学前阶段是人的习惯和性格初步形成的时期，虽然还没有定型，但却是他们未来习惯和性格形成和发展的基础。一个人幼时的熏陶和环境会对他的人生产生重大作用。所以，好习惯最好要从小培养。

孩子呱呱坠地，最先接触的就是父母。父母理所当然是孩子的第一任教师。孩子正是在父母的关怀和教育下才开始认识自然、认识社会的，特别是孩子最初的良好习性的形成、培养，都是家长教育的结果。

家长应该从小就告诉孩子应该做什么、不应该做什么、应该怎样做，哪样东西应该放在哪里，怎样待人接物；哪件东西是必需的、重要的、不能动的，哪件东西是妈妈的、哪件东西是爸爸的，孩子不能随便拿；如果把东西弄坏了后果是什么，如果搞乱搞脏了后果是什么。如果孩子不知道它的重要性，父母就应该告诉他。

处于成长过程中的孩子，总会表现出一些不恰当的行为。如果父母听之任之，一旦这些不良行为习惯成自然，它们必将成为孩子成长的羁绊，正所谓“千里之堤毁于蚁穴”。因此不要忽视这些小小的坏习惯，赶快防患于未然，并寻求迅速制止的办法。

（1）培养良好的饮食习惯

饮食，是一个人一出生就要首先接触到的。培养孩子的生活习惯，最基本的莫过于培养孩子的饮食习惯。很多疾病由是生活不卫生引起的，而不好的饮食习惯同样会影响身体的健康，影响孩子生长发育。从小培养孩子良好的生活习惯，才能保证孩子有旺盛的食欲，正常的消化吸收功能，使机体获得充分的食物营养，满足生长发育的需要。

吃饭时，环境要整洁安静，让孩子保持轻松愉快的情绪，使消化液正常分泌。切不可饭前过度兴奋或疲劳，不要训斥孩子。饭前 1 小时内不能吃糖果，以及雪糕等冷饮；不能喝大量开水，以免冲淡胃液，影响胃液正常分泌，造成食欲下降。为了确保孩子的饮食营养平衡，要指导孩子合理进食，告诉孩子挑食的坏处。

当孩子不好好吃饭，甚至发脾气时，可采取不予理睬的态度，坚持下去，孩子会自知无趣而罢休，千万不要用糖果等来哄他，以免养成吃零食的坏习惯，也不可养成孩子边吃边玩或边看电视的坏毛病。

(2) 培养良好的卫生习惯

培养孩子的良好习惯，同样包括培养孩子讲卫生、爱清洁的习惯。培养孩子讲卫生、爱清洁的习惯和能力，既有利于健康，也是文明美德教育的一个方面。孩子应养成每天早晚洗手、洗脸、刷牙；饭前便后洗手，饭后擦嘴；手脏了后要主动去洗，定期洗澡、洗头、理发、剪指甲；每日随身带干净手帕，咳嗽和打喷嚏时用手帕掩住口鼻，用手帕擦鼻涕；注意环境的整洁，不随地丢果皮、纸屑，不随地吐痰；东西用完后放回原处，排列整齐等卫生习惯。

从 8 ~ 9 月龄开始，父母应培养孩子伸手、伸腿、偏头洗耳颈等配合盥洗的动作。1 岁以后，鼓励孩子主动参加盥洗，洗前卷袖口，洗时不溅水，洗后擦干手。2 岁以后，教孩子用肥皂自己搓洗手，大人拧干毛巾让其模仿洗脸动作，开始培养饭后用冷开水漱口。2 岁半以后，让孩子学习自己拧毛巾，自己洗手脸，用牙刷。同时培养少儿掌握与盥洗有关的用语，如牙刷、牙杯、毛巾、冷水、漱口等等，大人教时要耐心，边讲解边示范，并给予必要的帮助。孩子的卫生习惯不是一天两天就能培养起来的，大人应经常督促、提醒。为了使孩子引起兴趣，并能更好地掌握盥洗方法，家长可将盥洗过程编成儿歌，如洗手歌、洗脸歌、刷牙歌等教孩子唱。大人要持之以恒，才能经过不断的重复、巩固，使孩子养成良好的卫生习惯。

（3）培养孩子的劳动习惯

劳动是生活的重要组成部分，人的一生都离不开劳动。要从小树立孩子“劳动光荣”的观念，从小培养孩子劳动的积极性和技能。

首先，要教育孩子热爱和尊敬劳动者，让他们认识各行各业劳动的社会价值，并从小立志做个光荣的劳动者。

其次，要教育孩子爱惜劳动果实。要让孩子知道他吃的、穿的、用的、玩的都是叔叔、阿姨或其他前辈劳动的结果，因而要珍惜。家长应该要求孩子吃饭不掉饭菜、随手关灯、节约用水、爱护图书，对家里的各种用品和自己的衣物鞋袜等都要爱惜。要让孩子懂得这些用品、物件是经过许多人的劳动才制成的，不能随意浪费。

最后，要使劳动成为孩子的习惯，要让他们从小就有劳动光荣、不劳而获可耻的观念和勤劳俭朴的品质。为此，家长要从三个方面着手：

一是要教育孩子学会自我服务。家长要让孩子学会自己穿脱衣服，穿鞋系带，自己铺床叠被，自己吃饭，自己洗脸洗手，自己收拾整理玩具。每学一件，都要先由家长示范，然后让孩子在家长指导下练习，直到孩子学会自己做。一般来说，从二三岁开始就可以慢慢教孩子学做自己的事情，五六岁，孩子就可能做到日常生活基本自理了。学会自己的事情自己做，不仅能培养孩子的劳动观念，还能培养他们独立生活的能力，更能促进孩子独立性的形成和发展，使孩子能及早摆脱对大人的过分依赖，成为一个独立的社会成员。

二是要求孩子学做家务。可以让孩子做些力所能及的家务劳动。例如，可让他们帮忙提东西，拿肥皂、扫帚、挎包、拖鞋、小板凳等；开饭时可让他们帮着搬凳子、摆碗筷，饭后让他们收拾碗筷；可让他们和家长一起打扫居室卫生，如扫地、擦桌椅柜橱；可以让他们帮家长一起刮土豆皮、择菜、洗菜；还可以让他们到不远的副食店买醋、买酱油等。这些事情经常让他去做，他不仅不厌烦，还感到十分快乐，觉得自己长大了，能帮助爸爸、妈妈做事情了。

三是鼓励孩子参加公益劳动。带孩子或让孩子随集体参加公益劳动也是培养孩子劳动习惯的一条途径。家长可以带孩子参加居民区组织的一些公益劳动，例如，参加春天的植树、夏天的灭蚊蝇、秋天的除草、冬天的扫雪等；也可以带孩子照顾附近的孤寡老人、军烈家属；让他们为邻居做些力所能及的事，如分发报纸、取牛奶、照顾小朋友等。

（4）纠正孩子的不良习惯

一是纠正孩子爱打断谈话的习惯。在同孩子交流时，孩子也许迫不及待地想要告诉你什么，或问你某些问题，但是如果纵容他打断你的谈话，不会有助于教会孩子为他人着想，更不会让他学会在你忙碌的时候如何自己打发时光。结果将会是他认为自己有权吸引别人的注意，并不能忍受任何挫败。所以，当你要打电话或跟朋友聊天之前，告诉孩子他要保持安静、不能打扰你。给他安排点儿活动或者让他玩他平时没玩过的玩具。如果你在谈话时，他缠着你，你可以指指椅子让他安静地坐在那里，耐心等你谈完。然后告诉他，干扰别人并不会得到他想要的。

二是纠正孩子假装听不见大人说话的习惯。例如，收拾玩具、自己拿水喝，这些都是孩子自己应该做的。当你提醒孩子做些他不爱做的事，一次、多次，他仍然像没听见一样，这时就不能忽视了。因为这样下来传递的信息是漠视大人的指令。一次又一次提醒孩子等于是在训练他可以等待提示，而不需要注意你的第一次指令，如果你纵容孩子继续这种行为，你的孩子很可能会变得目中无人，并极有控制欲。纠正的办法：不要在房子的另一侧跟孩子说话，走到他面前，告诉他该做什么。谈话时，让他看着你，并且回答："好的，妈妈。"轻抚他的肩膀，呼唤他的名字，关掉电视都会有助于吸引他的注意。如果他不听话，告诉他后果是什么。

三是纠正孩子无视规则的习惯。不能放任孩子不遵循规则做事情。如果你看着一个几岁的小孩子自己从柜台里拿饼干很好玩，那就等着瞧吧，看看他到了八岁不打招呼自己跑到朋友家去怎么办。所以，从小培养孩子的规则意识很重要。纠正的方法，就是制定几项家庭纪律，并经常和你的孩子谈论这个话题。例如，你告诉孩子："你得问问可不可以吃糖，因为这是规矩。"如果孩子不在规定时间就打开电视，告诉他把电视关掉，并且大声清楚地陈述规则，这将让孩子铭记在心。

四是纠正孩子的攻击性行为。孩子和小朋友发生冲突时，你可能不一定会去管教，但是你不能忽视那些小小的攻击性行为，比如推倒小弟弟或掐小朋友。如果你不管的话，孩子再大一些，这种不良行为就难改了。放任自流传递的信息是伤害别人是可以被接受的。纠正这种行为，可以把孩子拉到一边告诉他："那样会伤了妹妹。如果她这样对你，你会怎样呢？"告诉他任何伤害别人的举动都是不可以的。在下次出去玩之前，提醒他不要粗鲁霸道，帮他练习在生气时应该说些什么。也可以给他一点小小的惩罚，例如当他再犯的话就不让他出去玩了。

五是纠正孩子使小性子的习惯。孩子使小性子是不好的习惯，如果你不正面应对这个问题，你会发现孩子大概上三年级的时候会没有朋友，并无法与老师和其他同学融洽相处。纠正的方法，就是让孩子清楚自己的行为。举个例子，告诉他，"你这样翻白眼，好像是不爱听我说话"。这并不是要让孩子感觉难为情，而是让他明白这样做可能会失去朋友的友谊和爱戴。如果他坚持不改，你可以不理他并走开。你可以这样说："你如果这样和我说话，我听不见。当你准备好有礼貌地说话时，我才会听。"

六是改掉爱挖鼻孔的习惯。挖鼻孔是感染病菌的一个主要途径。你可以转移孩子注意力，就是给他本书或玩具，任何能占着手的东西都行。向孩子解释挖鼻孔会传染病菌。随身携带纸巾，在他伸手挖鼻子时立刻递给他。让鼻孔湿润会减轻瘙痒感，所以冬天在他的卧室里放个加湿器会避免孩子晚上睡觉时鼻子变干。

当孩子任性时，纠正他

美国儿童心理学家威廉·科克指出：幼儿随着生理上的不断发育，开始逐渐接触更多的事物并凭借自身的兴趣和情绪来参与，而不管这些事物对自己是否有益或适宜，这就是所谓的“任性”。

在一般人看来，任性是孩子的消极品质，应该想方设法采取各种措施加以制止。但是，孩子的任性与成年人相比还是有很大的可塑性的。一般来讲，孩子的任性具有两重性：一种是随着孩子年龄的增长，孩子的认识范围扩大，自我意识迅速发展，自尊心、独立性逐渐增强，会产生“任性”的行为，这种“任性”行为是孩子身心发展的正常反映，表现在孩子独立完成某件事时不达目的誓不罢休方面；或为了维护自尊心而有较强的自我意识方面；或过高估计自己的力量而采取一些冒险行为方面。这些情况尽管被家长看成是“任性”，孩子自己却不以为然。另一种是孩子以自我为中心，表现为不分情况地随意放任自己，毫无约束。孩子任性的原因，尽管与遗传和神经类型有关，但家庭教育不当是造成孩子这种不良性格的主要原因。

一是父母过分娇宠、纵容。现代家庭多是独生子女，父母对孩子呵护备至，对孩子的要求诚惶诚恐。无节制、无原则地对孩子有求必应，生怕孩子受一点点委屈，孩子自然会得寸进尺。

二是隔代喂养。祖辈不仅溺爱孙子，也不敢严加管教。现在尽管许多年轻的父母都已经意识到其中的弊端，但由于双方都得上班，又信不过小保姆，因此只能把隔代喂养进行到底。而祖辈害怕孩子受到了丝毫"伤害"，不好向孩子父母"交代"，便一味纵容孩子。

三是父母缺乏耐心。孩子不听话，父母开始还坚持原则，可当孩子继续为所欲为时，又觉得烦，认为反正教了他也不会听，孩子还小，不懂事，等他大了自然就会好的，而不再坚持。这些父母其实不知道，幼儿的自制力还没有觉醒，他们大多都希望照着自己的意思去做。

四是孩子自制能力差，易冲动，思维带有片面性及刻板性，因此容易任意而为。父母不了解孩子的心理，不问缘由地用训斥、打骂等方式回应孩子的一切"不合理要求"，从而导致幼儿产生逆反心理，以执拗来对抗父母的粗暴，因而助长幼儿的任性行为。

事实上，多数孩子只是偶尔有点任性，真正养成了任性习惯的孩子还是少数。必须注意的是要把任性同韧性区分开来。韧性是一种积极的个性心理品质，表现为有主见、有追求、有毅力、有耐心、独立性和反抗精神。如有的孩子家庭经济困难，父母劝说其退学做工，但这些孩子在帮助家长干活的同时坚持上学读书，还取得了好成绩，这就是有韧性的表现。对此家长应当支持。

对于确有任性习惯的孩子，家长应按照孩子的不同年龄段加以矫正。

(1) 转移孩子的注意力

对于幼儿期的孩子，可采取转移注意力的方式。幼儿的注意力一般比较分散，对同一事物的兴趣持续的时间不长，很快会被其他的新鲜事物吸引。因此，父母要抓住幼儿的这一心理特点，转移孩子的注意力，就能够使自己脱离困境。反之，你越是不答应，他就会闹得越凶。

例如，一个孩子吃饭时因一点儿小事不满足就不吃了。家长批评他，他就干脆躺在地上哭闹，一会儿又起来把桌子上的书全部扔到地上。对此，家长应设法把孩子的注意力转移到他感兴趣的事情上。因为孩子发脾气时，他的神经系统处在高度兴奋状态，容易引起爆发，所以不应火上浇油，大加训斥。家长可让他看一看画册，或做其他能吸引孩子的事情，以此来安定他的情绪。等孩子情绪稳定后，家长好像没有这回事似的，让他吃饭，这样孩子也就忘了刚才发生的事情。吃过饭后，家长再给予耐心的教育，指出他刚才为什么不对，危害是什么，并要求下不为例。这种做法是比较有效的。

（2）跟孩子较劲

有的孩子越是被迁就退让，就越是骄横。认识到这一点，家长对任性的孩子就不能手软了。比如，家长带孩子出去游玩，孩子缠住爸爸要背他，爸爸不背就哭，妈妈劝孩子不要哭，他就在地上打滚，死也不肯走。在此情况下，爸爸妈妈态度要一致，明确告诉孩子不能背他，也可以向前走一段等待孩子，直到孩子起来赶路为止。只要家长坚持不背，孩子一会儿自觉没趣，就会收场。像这样的做法，对孩子的任性是个打击，次数多了他就会悟出来——任性是没有好处的，从而改变对别人的态度，不再任性。

（3）找出任性的原因

有的孩子任性并非有意对抗大人，而是事出有因，有他自己的“道理”。对此，家长要仔细地了解孩子固执己见的原因，心平气和地告诉他不能任性的道理。比如，有的孩子三番五次地要求家长给他买名牌球鞋，家长不答应他就以不去上学相威胁。经过了解，家长知道孩子班里的几个要好同学都买了这种名牌球鞋，孩子觉得自己不穿这种鞋太没面子。于是，家长告诉孩子小学生并不需要都穿这种鞋，自己家里经济条件不适合买昂贵的鞋，还要讲清同学之间不能攀比。

（4）预防孩子任性的发作

孩子的任性发作一般是有规律的，他总是在某种情况下才出现固执行为的，对此家长一定要心中有数。当可能诱发孩子任性的条件将要出现时，预先做好“防范”工作，不让孩子的任性发作。比如，有的孩子“客来欢，人来疯”，总是缠住到家来的客人不放，对此家长可以在客人来到之前告诉孩子要有礼貌，不要妨碍大人和客人之间的交谈，否则大人和客人就不会喜欢他，也不愿带他到客人家去玩。当客人来家时，要根据孩子的表现，或表扬他表现好，或暗示他该走了，或批评他不该缠客人。这样，不给孩子的任性发作的机会，也会使他的任性逐渐淡化。

(5) 适当运用家长的权威

家长平时如果能够真诚地关心孩子、平等地和他谈心、严肃地批评他的过错，就能在孩子心目中树立权威，取得孩子的敬佩和信任，家长的劝说就容易被孩子接受，孩子任性的可能性就大大减少。当然，家长如果像保姆一样对待孩子，什么都顺着孩子的意愿办，对孩子的无理行为也不能严肃批评，这必然助长孩子有恃无恐的心理，强化孩子的任性。因此，家长一定要正确地运用权威，过严过宽都不可取。

除了上述几点外，家长还可以采取以下方法：一是听任法。当孩子任性时，在有安全保障的前提下，可采取不理睬的态度，孩子感到没趣就会停止，然后家长再进行说理教育。二是激将法。利用孩子好胜心比较强的特点，克制其任性行为。三是夸奖法。利用孩子喜欢"戴高帽"的特点，调动孩子的自尊心理，及时控制他的任性行为。

任性是一种不好的品质，家长、老师、同学都不会喜欢，长大以后，这种性格还会影响人际关系及工作、生活。这些，家长必须向孩子讲清楚。同时，家长最好能让孩子感受到任性会给亲人、朋友造成感情负担，让孩子自己认识到任性行为的不合理性。这样，孩子才会自觉改正这种不良性格。

第三章　教孩子道理，比教孩子能力更重要

- 有德无才是庸才，有才无德更危险
- 教孩子知书，更要教孩子达礼
- 把爱心传递给孩子
- 把守法意识传给孩子
- 让孩子做到遵守纪律
- 让孩子从小遵守社会公德
- 培养孩子正直无私的品质
- 自制力，是增强社会免疫力的“疫苗”
- 责任心决定孩子一生

有德无才是庸才，有才无德更危险

宋朝奸臣秦桧，不仅博学，而且在书法上造诣很深。据说他综合前人书法之长，创立了宋体字。宋体字曾称为"秦体字"。秦桧早年为官，官声尚好。在金人攻陷东京（今开封）之后，曾冒死赴金营，反对立伪楚帝张邦昌，几乎被砍了脑袋。但后来在高宗手下为相，迎合高宗偏安政策，镇压抗金将领，以"莫须有"罪名在风波亭害死岳飞父子，天怨人怒。后人见其手迹，无不撕碎如厕或立时烧掉。传说谁若留下他的书法作品，就会遭遇不祥，招祸惹灾。至于他的字，由于人们厌恶其人品德行，就改称为宋体字。可见，一个人拥有一个好人品是多么重要。

一个成功的人，必然是品德、健康和才能的结合体。教育孩子不仅要发展他们的智力，同时要培养他们的优良品德。正如智力的培养需要从孩子一出生就开始，孩子的优秀品德也必须从摇篮时开始熏陶，越早越好。一位专家认为："孩子的道德教育应从摇篮时期开始，因为当今社会所缺乏的不是头脑而是品德。"

孩子的心灵是一块奇妙的土地，播上思想的种子，就会获得行为的收获；播上行为的种子，就能获得习惯的收获；播上习惯的种子，就能获得品德的收获；播上品德的种子，就能得到命运的收获。因此说，孩子的命运掌握在父母的手中。父母要严格要求自己，作孩子的表率，努力培养孩子好的品德，为开拓他们的美好前程积极创造条件，使自己成为合格的家长。

儿童教育专家认为，对孩子来说，信任、耐心、责任感、自信心、感知他人是最重要的五种品质。后天的培养对这些品质的建立有着非常重要的作用。

（1）培养孩子的信任感

孩子长大后会走向社会，在人生的大舞台创业和奋斗，会同形形色色的人打交道。而对他人有基本的信任，则是人际交往的基础，也是其他品质特性得以发挥的基础。如果孩子对他人没有信任，那么他在自信心的形成和与他人建立交往关系的过程中就会遇到很多困难，也会体验到很多痛苦。为此，父母要从以下方面着手，增进孩子的信任感：

一是给孩子安全感。从小培养孩子对人的信任感，家长可以从日常小事着手。例如，对婴幼儿来说，让他产生信任感的最好方法就是满足他的基本需求，饿了就给他奶吃，尿了就换尿布，烦了就抱起来走走。还有，经常跟他说话、唱歌，用眼神与他交流，告诉他“宝宝，妈妈爱你”。总之，不要忽略婴儿的需求，也就是不要让他对这个陌生的世界产生恐惧感，让他在一个舒服、安心的环境里建立基本的信任。

二是多给孩子关注。对稍大一些的孩子，建立信任感的有效方法就是多给他一些关注。随着孩子身体和智力的发育，他已经不满足于吃、喝、换尿布这些事情，他开始产生独立的思想和行为。父母要对孩子的情绪变化多给予关注。孩子的性格各异。如果父母的行为模式符合他们的性格特点，他们对父母的信任就会多一些，表现出来就是对父母的依恋多一些。

（2）培养孩子的耐心

耐心是一个人走向成功的基本素质之一。事实证明，那些耐性好、忍受力好的孩子获得成功的机会要多许多。在培养孩子耐心方面，父母所要做的有：

一是成为孩子的榜样。要使孩子成为一个做事长久、有耐心的人，首先父母自己要做孩子的榜样。孩子的心灵是一张白纸，还没建立自己的行为模式，他只是一个观察者，父母的一举一动是他学习的标准。如果父母做事无规律、缺乏条理，一会儿扫地，一会儿洗碗，还没有放下扫把就去拿抹布，你能期待孩子做事井井有条吗？

二是对孩子循循善诱。培养孩子的耐心，做父母的还可以通过和孩子交谈加以引导。年幼的孩子虽然不能完整地表达自己的思想，但已经能明白你表达的意思。如果孩子因为搭不好积木而发脾气，把积木扔掉，做父母的可以跟他谈谈，告诉他你知道积木搭不起来他很不高兴，但是把积木扔掉也解决不了问题。不要认为和孩子交流没有意义，其实他能听懂，至少他会知道自己这样做是不对的。这样做的效果比你为孩子的坏脾气生闷气，或者责怪他好多了。

（3）培养孩子的责任心

责任心是走向成熟的标志。父母要从小培养孩子的责任意识，让他逐步学会承担自己应当承担的责任。父母可以从以下方面着手：

一是让孩子对自己做的事负责。有始有终地做好一件事是责任感的基本体现。对于孩子而言，在你还没有察觉时，他已经开始观察和学习责任感了。例如，1 岁左右的孩子把奶瓶摔到地上，妈妈捡起来递给他，然后再摔一再捡一再摔一再捡。孩子就在这个看似恼人的游戏中学习了责任感。因为在摔和捡的重复过程中，他开始对原因和结果这两者的关系有模糊的理解，认识到奶瓶掉到地上是他摔的结果。既然这么小的孩子可以了解行为和结果的关系，那么父母可以适当地培养他们对自己的行为负责，从而让他们意识到责任感的问题。

二是让孩子做一些力所能及的事。培养孩子的责任感可以从让他做一些力所能及的事情入手，让孩子多动手。然而，也有的父母认为孩子会越帮越忙，自己 5 分钟能做好的事情，孩子半个小时都做不好，所以不让孩子做事情。对此，你不妨变通一下：如果时间特别紧张，可以选择让孩子做最简单的事情，其他的事情你自己做。但是，如果不想培养出一个没有责任心的孩子，就千万不要做一个万事包办的妈妈。孩子小的时候，可以让他把小纸头递给爸爸，大一些时让他收拾自己的玩具。这些都是小事，但对培养孩子责任感起的作用不可忽视。

(4) 增强孩子的自信心

自信心也是走向成功最重要的素质之一。一个人不管干什么，都要对自己充满信心。为此，家长对孩子的教育也要从这方面下功夫。培养孩子的自信心，不妨从以下方面着手：

一是让孩子独立完成一件事。让孩子建立自信心最好的途径就是让他独立完成适合其年龄特点的一些事情。1 岁左右的孩子，让他自己学习用勺子吃饭，再大一点儿让他自己穿鞋子。注意刚开始尽量让他做简单的事情，孩子做不好太复杂的事情，连续的挫折会打击孩子的自信。让孩子练习自己穿鞋子时，给他穿带粘贴扣的鞋子，因为系带子太复杂了，他可能掌握不了。到了合适的年龄，试着让孩子为自己的事情做决定。比如说吃冰激凌，你可以让他自己选择是吃巧克力口味的还是吃草莓口味的，让他从小事开始为自己做主。

二是逐渐放开约束。在孩子成长的过程中父母要不断调整自己的心态和行为，不要让自己成为孩子成长的障碍。孩子小时非常依赖父母，等他逐渐长大，父母要一步步放开约束，让他为自己做主。要允许孩子犯错误。如果孩子在成长的过程中没有犯错误，那说明父母管得太死，他根本没有尝试的机会。所以随着孩子年龄的增长，父母要像放风筝一样，逐渐放松手中的线，给孩子一片自由的天空。

(5) 培养孩子感知他人的能力

感知他人，是建立良好社交关系的基础。拥有成功人际关系的关键是了解他人的感受，然后做出适当的回应。3 岁以前的孩子不会顾及他人的感受，他们只能从自身出发感受世界。例如：一个 2 岁的男孩打了同伴的头，父母不应该太过于责备他，因为他不知道同伴会感到痛，而这又是因为他自己感受不到被打头的痛苦，理所当然也不知道别人的感受。

除上述五条外，人的重要品质还有谦虚、诚信、勤奋、知耻，父母教育孩子，也需要从这些方面着手。

教孩子知书，更要教孩子达礼

新学期开始了，一个刚接了新班级的老师有天晚上接到电话，拿起话筒问："您好，请问您找哪位？"

"我找×××（该老师的名字）。"

老师愣了一下：这不是我的学生吗？怎么连打电话的礼貌都不懂，对长辈直呼其名，一点儿尊重的感觉都没有！心疼之余，不免陷入了"沉思"。

"知书达礼"四个字看来简单易懂，却蕴含深刻意义。什么是"知书达礼"？知书就是读书，达礼则是指通晓礼节、礼貌。从平日的问候里，就能看出中国人"礼"的文化。中国自古讲究礼貌，朋友间见面，首先问候对方的长辈可安好，从爷爷、奶奶一路问到哥哥、姊姊，仿佛得问候过全家人，才能算打完招呼。

从字义上来看，知书达礼是培养孩子乐于接近书本、喜欢读书，懂得遵守礼仪规范。我们常说"富而好施""富而好礼"，即使是富家子弟也要懂得礼让、尊重，不能财大气粗。当一个人"知书"后，自然就会"达礼"，两者密不可分，同样重要。礼的反义就是放纵、逾矩。从这方面来看，礼，也意味着自我约束、谨守本分。

然而，当今社会是一个个人主义膨胀的世界，也是彰显"个性"的时代，许多人为了一己私欲，早已置道德修养于不顾。如果每一个家长都能重视家教，认真教养一个知书达礼、动静皆美的孩子，那才是整个国家的福气。

家庭是孩子学习的第一所学校，父母则是孩子的第一任老师，许多生活习惯、气质谈吐、待人处世大都在求学前就有了基本的雏形，孩子在摸索接触时就是最好的教育时机。只要教会他应有的礼貌，时时提醒、处处留意，养成习惯，一辈子就会受用不尽。如果非要等到上学后才安排课程教导，总觉得为时较晚，孩子也学得别别扭扭。

家庭也是孩子的礼仪学校。古人教育子女，就从应对、进退做起，家庭负起绝大部分的责任。如果有一位孩子温文有礼、举止合宜，邻居们就会竖起大拇指称赞一声：“家教真好!”并且要家中孩子向他学习，这就形成一股向善的风气，社会自然安定和谐。

对孩子“礼”的教育，需要家家户户都能重视家教。那么，为人父母的该怎么教育孩子呢?

(1) 孩子知书达礼，父母要谆谆教诲

对孩子的一言一行、一举一动，做父母的一定从“礼”的角度加以规范，不厌其烦地加以引导。

一是教育孩子的举止有分寸。平时，在公共场所，每个人的行为举止要视场合而定，演奏厅、游戏场、大饭店、家庭中各有不同的表现，父母要不断叮咛孩子，一一指导，而且要坚持要求，让孩子动如脱兔、静似处子，分寸拿捏恰到好处，不会扰乱他人才是有家教的好孩子。在公共场所，常常看见孩子们追逐奔跑、大声喧哗，身旁的父母却视若无睹，毫不在乎众人的怒视。长辈在场，小孩一样大咧咧地坐着聊天嬉戏，根本不懂礼让，这样的国民素质，实在是令人担忧。

二是教育孩子说话讲礼仪。与人交往，说话要轻声细语、字字分明，谈吐大方、用词优雅，加上一颗善体人意的心，一定会让孩子处处受人欢迎。

例如，一位妈妈带着可爱的小女儿去买花。在回来的公交车上，小女孩看到一个身材臃肿的女子，她天真地告诉妈妈：“那阿姨好胖哟。”突然所有目光一下子都集中到那女人身上，场面尴尬极了。只见妈妈轻声地说：“女儿，你手上的花有几种颜色？”

“很多啊！有红色、黄色、白色……”

“哪一种颜色好看呢？”

“都很漂亮啊！”

“那就对了，只要心好，不管是胖子、瘦子、高的、矮的都是好人哟！大家都会喜欢她的。”

“我知道了，阿姨对不起，你是好人，我喜欢你。”听到这样的对话，任谁都受到感动，心里深深敬佩这位善教的妈妈。

三是培养孩子主动释放善意。主动释放善意，待人亲切有礼，多一分尊重，少一分傲慢，自然赢得他人的友谊。在社区中进进出出，别忘了教孩子向管理员道早问好，电梯里遇见虽然不是很熟悉的邻居，平时也可以面带微笑、点头致意，上下公交车，大方地说出心中的感激，就算父母接送上下课，也要习惯表达谢意，点点滴滴累积无比的热力，孩子就会像暖暖的冬阳，人们总是迫不及待地想要拥抱他。

（2）孩子知书达礼，父母从细节教起

很多父母认为，只要孩子的学习成绩好了，其他方面可以不用去管。其实不然，俗话说，做事应先学会做人，在孩子的成长过程中，许多礼仪细节都是非常重要的。因此在平时，父母要注意从自身做起，培养孩子养成良好的礼仪习惯，使之成为孩子一生的财富。

一是教育孩子不要给人起绰号。例如，一位孩子给同学起这样的绰号：“他姓黄，我们大家都叫他黄鼠狼。”给他人起绰号，不管孩子们是不是出于开玩笑，都是一种对他人不尊重的表现。孩子有没有养成良好的礼仪习惯，和父母息息相关。平日里孩子犯了小错误，父母要注意及时纠正孩子的行为，时间长了，才会收到很好的效果。

二是教育孩子多替他人着想。例如，一位正在进教室的学生猛地一推教室门，刚好碰在了一位正准备出门的女生的头上。女生捂着头哭着跑回了自己的座位。造成这种现象，主要是一些孩子还没有养成为他人考虑的好习惯。这样的行为，可能是与父母平时进出门时不注意造成的。父母的言行对孩子起着很大的作用，尤其是幼儿园和小学阶段。在这个时期，父母做什么孩子就模仿什么，父母说什么孩子就"接纳"什么。因此，父母平时应注意教育孩子多替他人着想，同时注意自己的言行，避免给孩子造成不好的影响。

三是让孩子学会对家庭成员负责。有一位小学女生，有一次中午放学，她玩得忘了时间，结果，她的奶奶急得到处找她。许多学生都有这样的情况，有时自己忘了给父母打招呼就出去玩，父母找不着他都很焦急。出现了这种现象，家长应该及时和孩子沟通，让孩子知道，父母是最爱他们的，如果他们外出不打招呼，父母找不到他，哪怕是一分钟也会非常担心；家长还应该告诉孩子，让父母知道他去了哪儿，这是对父母的一种尊重，也是对他们的安全做出的一种保护。

把爱心传递给孩子

爱心是一个人的优秀品质。有爱心的人，是一个善良的人，爱心能够给他人、给社会带来温暖，也让自己的心灵充实、纯洁。

善良和爱心，是孩子的天性。婴儿1岁前就对别人的情感有反应。比如，旁边有孩子哭，他会一起哭；一两岁时，孩子看到别人哭，就会拿自己喜欢的东西去安慰；到了五六岁时，孩子开始进入认知反应阶段，他知道什么时候该去安慰正在哭泣的同伴，这些都是孩子爱心的自然表现。但是，如果得不到后天的培养，孩子的爱心就会逐渐消失。

对于一个人的个性发展而言，没有什么能比爱和善良更重要的了，这是孩子将来亲和社会的基础和前提。孩子的爱心是通过自然而然的模仿、潜移默化的渗透逐渐形成的，是一个从外在到内在、从量变到质变的发展过程。在这一发展过程中，家庭是最重要的爱心培育基地，父母是最直接的爱心播种者。因此，孩子有没有爱心，关键在于家长的引导和培养。

一天，5岁的尼娜见妈妈在家里忙碌，便问："妈妈，你在做什么？"妈妈答道："我正为隔壁的史蒂芬太太烧一盘菜。""为什么？妈妈。"妈妈告诉尼娜："因为史蒂芬太太失去了女儿，难过得心都碎了。我们应该照顾她。"妈妈又对女儿说："尼娜，你是个很聪明的孩子，也许你也会想出一些方法来安慰史蒂芬太太。”

尼娜开始认真思考如何帮助照顾史蒂芬太太。几分钟后，尼娜敲开了史蒂芬太太的门。“有什么事?”史蒂芬太太问。尼娜说：“我妈妈说，你失去了女儿，非常难过，心都碎了。”说着，尼娜伸出她的小手，手里有一个创可贴，“这是让你把碎掉的心粘起来的。”史蒂芬太太接过创可贴，破涕为笑。她弯腰拥抱尼娜，泪眼盈盈地说：“谢谢，亲爱的孩子，你帮了很大的忙。”史蒂芬太太接受了尼娜的善意，她买了一个画框，把尼娜的创可贴放在画框中，每次看到它都感到宽慰。

这是一个很感人的故事。我们为小尼娜纯朴而善良的童心动容，更为尼娜母亲不失时机地指导孩子的用心而钦佩。

仔细观察，不难发现生活中不少家长对孩子的爱心教育并不尽如人意。时下独生子女家庭多了起来，生活水平不断提高，孩子们不愁吃、不愁穿，但缺少的恰恰就是一颗爱心。一些孩子生性自私、狭隘、偏激甚至冷酷、残忍。有的因一些日常琐事便心生不满，口出秽语，乃至拳脚相向。平时，家长对孩子关心的就是如何吃好、睡好、学习好，对心存爱意、关心他人、爱护集体的思想品德教育却不够重视。有的家长认为，现在就一个孩子，只要我有能力，孩子要什么，我就给他什么，图的就是让孩子快乐幸福；也有家长认为，对孩子来说，最重要的是多学点知识技能，在聪明才智上超过别人，至于其他方面，用不着怎么教；还有一些家长认为，孩子小时候任性一点儿很正常，大起来自然会好的；更有甚者，还把孩子任性、自私、霸道的表现视为孩子聪明、好玩，而加以纵容。一位上初中的女儿和母亲一起乘坐公交车，女儿要给一位老太太让座，妈妈示意女儿不要让。女儿站起来坚持要让座，妈妈非但不支持，反而当众打了女儿一耳光。这样的父母不仅培养不了爱心，还糟蹋了社会的和谐气氛。

那么，家长应该怎样培养孩子的爱心呢?

(1) 给孩子做个榜样

榜样的力量是无穷的，也是最有效的。大人们的一言一行，都会给孩子留下深刻的印象。要让孩子有爱心，大人们就要做出有爱心的行动，有什么能比言传身教更有说服力的呢?

平时在家里，如果家长做到给长辈倒茶、盛饭、搬凳子；逢年过节给长辈买东西、送礼物，还请孩子参谋该送什么礼物……如果家长做到关心孩子，对孩子说话总是温和、体贴，还常常与孩子进行情感的交流，给孩子适当的鼓励和表扬，让孩子直接感受到父母对自己的爱……如果家长做到夫妻间互相关心，帮助爱人做家务；在给孩子买礼物的同时，总不忘给爱人也买一份；吃东西的时候，不忘提醒孩子给爸爸或妈妈留一份……如果家长平时做到这些，相信孩子也会受到感染，从而学会去关爱他人。

(2) 进行移情训练

爱心培养还需要进行移情训练，可以让孩子把自己痛苦状态时的感受与别人在同样情境下的体验加以对比，体会别人的心情，这样可以让孩子学会理解别人，体谅别人。

例如，看到别的小朋友摔倒了，可以启发自己的孩子说："如果是你摔倒了，是不是感觉很疼？小弟弟一定很难受，我们快去扶起他。"这样，孩子的爱心不知不觉就培养起来了。

(3) 在生活中培养孩子的同情心

同情他人，是爱心的具体体现。孩子如果缺乏同情心，只关心自己，只顾自己的快乐，而无视别人的痛苦，甚至把自己的欢乐建立在别人的痛苦之上，是很可怕的；而有同情心的孩子往往比较关爱他人。因此，父母要在生活中培养孩子的同情心。

父母可以利用生活中的事例从侧面来教育孩子关心他人、关心动物。比如，在看电视的时候，如果出现动物弱肉强食的画面，父母可趁机对孩子说："多恐怖呀，我们人类可不能这样子！”

人们发现，幼年时期饲养过小动物的孩子，感情比较细腻，心地比较善良。相反，从小没有接触过小动物的孩子感情比较冷漠，与同学发生矛盾冲突时表现为冲动易怒，出口伤人，行为粗鲁，并且会欺负弱小的同学。

(4) 多做有益游戏，多看益智图书

孩子喜欢做一些简直而有趣味的游戏，家长可以设计一些表达爱心的游戏来吸引孩子。从孩子识字起，就应该多给他们看益智图书，让他们开阔视野，学得更多的知识，懂得真善美。

(5) 多交往，拓展交往空间

孩子就像一张纯洁的白纸，家长要让他们学会多与人交往，从交往中学到东西，孤独的孩子容易产生心理上的障碍，造成自闭症。爱心，是在交往中建立起来的。

把守法意识传给孩子

现在的孩子多是在娇惯环境下长大的，许多孩子从小不守规矩，长大了缺少守法意识，直至误入歧途。有些孩子在学校里或许收敛一些，但在校外其行为习惯令人担忧和震惊，其突出的表现为法律意识淡薄、自律自控不够。以下是几个案例：

偷邻居巨款：某所小学两位男生，假期到邻居家玩，见邻居家抽屉中有厚厚一叠人民币，顿起占为己有之心。于是，他们一人将邻居家的小孩引到室外活动，另一人则乘机将4000多元人民币偷走。

偷小店钱物：某小学四五个男生，在初中“大哥哥”的带领下，几次到附近的小店行窃，屡屡得手。不久，他们便“出师”了，开始“独立行动”，采用撬门、钻窗、开锁、“打掩护”等手段，作案十多起，共窃得钱物2000多元，后被派出所破案抓获。

偷教师钱物：某小学教师的钱常常不翼而飞，少则几十元，多则几百元，不但给老师造成了经济损失，而且导致教师互相猜疑，甚至产生了隔膜。一次偶然的机会，一位教师发现一位女学生在翻教师的抽屉，神色慌张。经过盘问，得知她已多次“拿”教师的钱物，总额已逾千元。

偷厂里的财物：某中学在两个月内连续发生学生到校外偷窃工厂财物事件。

几位男生采用翻围墙、撬门窗等手段，潜入工厂仓库偷零件。门卫发现仓库内有异常情况，随即向派出所报警，民警火速赶到现场，将偷窃的学生当场抓获。另有几位男同学采用爬屋顶、钻天窗的方式，进入工厂车间偷镍合金，被厂主当场抓获。

从以上几起真实的事件中，我们可以看出中小学生违纪违法的行为主要是偷窃，除此之外，像打架伤人、性伤害，甚至绑架这样的恶性事件，也不乏有中小学生参与。对于孩子做出的违法行为，家长有着不可推卸的责任。

然而，却有一些家长对孩子的违法行为存在认识错误。这些错误归结起来，主要有三种：一是"不用管"思想。一些家长平时既要上班，又要操持家务，的确很少有时间管教孩子。不少家长对孩子的学习、品行等情况不问不闻，对孩子放任自流。有的家长甚至还认为孩子现在小偷小摸，长大了自己就改正了，不用管；即便要管，还有学校呢。

二是"无所谓"思想。有的家长认为，到店里偷一些吃的、玩的，到厂里去偷一些零配件算不了什么，是"小事一桩"，小孩子嘛，不懂事，不值得大惊小怪。

三是"有出息"思想。有的家长知道孩子手里的钱来得不明不白，却不去调查，不进行批评教育，反而心安理得地收下孩子"上交"的钱物，甚至还认为孩子头脑灵活，手脚敏捷，夸奖孩子有出息，小小年纪就会赚钱。

其实，孩子偷窃，哪怕是"小偷小摸"，其危害也是十分严重的。一是影响学习功课，二是助长养成恶习。孩子"小偷小摸"，如不加以教育引导，不让孩子彻底改正，那么，长大后势必酿成"大偷大摸"，走上刑事犯罪的道路。

所以，家长一定要认清孩子的违法行为带来的危害性。平时要对孩子进行正确的是非观教育，在行为习惯上对他们严格要求，这将对他们终身受益。相反，那些平时对孩子溺爱的家长，那些对孩子不管干什么都不管不问的家长，自以为是“爱”孩子，实际上却是害孩子。有一个家长因为老师打了孩子一巴掌而到学校要打这位老师，当然老师是不能打学生的，但难道家长就能打老师？这样势必助长孩子的恶习，对孩子成长极为不利。

在法治社会，讲究法律面前人人平等。自觉学法、守法用法，维护法律的尊严，是一个现代公民成熟的标志。社会是由人组成的，社会活动是人的活动。社会中的规则是每个人必须遵守的，所以做懂规矩、守规矩的人是社会对每一个人的要求，任何人都不能例外，没有凌驾于法律之上的特殊公民。家长必须从小培养孩子的法律意识，让其养成接受法律约束的行为习惯。

（1）家长要发挥表率作用

父母是孩子的第一任老师。父母的一言一行都直接或间接地影响着孩子。父母讲整洁的，孩子自然不邋遢；父母有礼貌的，孩子自然少粗话；父母重节俭的，孩子自然少浪费；父母守法纪的，孩子自然少违规。有一所学校里，有人反映某学生偷茭白。老师找他谈心时，学生承认是自己的爸爸带他去的，为爸爸“站岗放哨”。像这样的父亲，怎能教育出遵纪守法的孩子？因此，为人父母者，应重小节，以自己的良好形象去感染、引导孩子，努力成为孩子前进的旗帜和航灯。

（2）密切关注孩子的一举一动

孩子是活跃的、好动的，是不善于刻意掩饰的。因此，家长注意孩子言行中的不良苗头，防患于未然。平时多观察孩子的表现，如果发现了不良苗头，及时谈心，了解情况，采取教育措施，预防孩子走上邪路。哪些现象值得注意呢？学习成绩突然大幅度下降，无心向学；情绪反常，烦躁、闹脾气或沉默寡言、忧心忡忡；花钱很多很随便，来路不明；经常有不熟识的人来找，不按时回家；对异性特别感兴趣，偷偷看黄色书刊、录像；经常把刀子、棍棒带在身上等行为。家长不要忘了观察孩子，要做有心人。当然，也不可随便怀疑孩子，要多动脑，慢开口。

(3) 丰富孩子的文化生活

家庭文化生活贫乏，难以满足孩子的精神需要，孩子往往到外边去寻找各种各样的刺激：聚群游荡，误入不良团伙；打架斗殴，期负弱小；劫钱玩乐，赌博酗酒；看“黄”传“黄”，造成性乱……从违纪到犯法，下坡路走得非常快。家长要充分意识到，孩子除了学习任务外，还有多种需要：亲情、友谊、娱乐、审美等，为了孩子健康成长，也为了家庭幸福，应该努力丰富家庭的文化生活，追求高品位的生活质量，摒弃那种只重物质轻精神、只顾挣钱轻文化、只管学习轻品德的错误做法。

(4) 切实改进孩子的教育方法

对孩子的家庭教育，要防止溺爱型、棍棒型、放任型、物质型、矛盾型等教育方式。要动之以情，晓之以理，导之以行，持之以恒。动之以情，要注意常和孩子交流，常和孩子沟通，让孩子对你敞开心扉。晓之以理，要注意帮助孩子树立远大的理想，教育孩子懂得做人处事的道理；在孩子遇到困难挫折或犯了错误时，能开导他，引导他，鼓励他。导之以行，要注意引导孩子制订合理的作息时间及学习、活动计划，并督促孩子努力做到；要注意培养孩子良好的道德行为和道德意志，做到知行统一。持之以恒，教育既不是一蹴而就的，也不是一劳永逸的，因此，必须抓反复，反复抓。只有大处着眼，小处着手，常抓不懈，才能取得良好的教育效果。

(5) 重视孩子的青春期教育

青少年走上歧途，性错误是一个普遍性因素。男女孩子在青春萌动期，由于无知、好奇，加上自控能力弱，很容易在两性问题上犯错误。何况，当前大众传媒和社会生活中的不良诱因又很多，不重视青春期教育是不行的。家长应转变“难以启齿”的传统观念，对孩子进行性教育。应了解学校青春期教育的内容、步骤，积极配合，把基本生理知识教育、道德教育、法纪教育、审美教育结合起来。父亲多教育儿子，母亲多教育女儿，有的内容父母可以共同教育。

让孩子做到遵守纪律

高士其6岁那年就上学读书了。开学那天，天蒙蒙亮，高士其就穿上新衣服，背着新书包，上学去了。一路上，高士其乐得像只小鸟儿，又蹦又跳唱着歌。他跑到学校门口一看，大门还紧紧地关着呢。他不敢去敲门，只好站在门口等着，不知道等了多久，学校的大门开了。开门的是位老伯伯。高士其恭恭敬敬鞠了一躬，又叫了声："老伯伯早！"老伯伯心里真高兴，笑眯眯地说："多懂礼貌呀，孩子，你是一年级新学生吧！"高士其点点头。老伯伯把高士其领到一年级的教室里。过了好一会儿，小朋友们才一个个来到学校。

在开学典礼上，校长站在台上讲话。高士其一双乌溜溜的眼睛，专心地盯着校长，他听得很仔细。

校长讲完了话，叫高士其站到他身边来。高士其不知道有什么事，一颗心像小鹿似的怦怦乱跳。校长摸摸高士其的头，表扬他是一个守纪律、懂礼貌的好学生。

高士其把校长的话记在心里，每天，他上课用心听讲，放学回家就认真做功课，他跟全班的同学都要好，跟同桌的一个小朋友更要好，下课以后，两个人一起游戏，可高兴呢。

可是有一天，这个小朋友嘟着嘴，冲着高士其说："你到底认识我吗？"高士其觉得很奇怪，说：“咱俩是好朋友呀，怎么会不认识你呢?”

这个小朋友气呼呼地说：“那你刚才上课的时候，为啥不理我呢?”高士其一听，笑了起来。原来，刚才上课的时候，这个小朋友拿出纸片，折成一只只小青蛙，悄悄地玩了一阵子，玩着玩着，觉得一个人玩没有劲，就凑到高士其的耳边，轻轻地说：“我们来玩斗青蛙吧!”

高士其坐得端端正正，正用心听老师讲课，这个小朋友的话，他根本没有听见。这个小朋友又轻轻地碰了碰高士其，高士其还是认真地听课。这个小朋友心里挺不高兴，使劲拉了拉高士其的衣服，这一来，高士其回过头来了。那个小朋友指指膝盖上的两只纸折的青蛙。高士其明白了，是叫他一起玩斗青蛙呀，他对那个小朋友白了一眼，又用心地听老师讲课了。

高士其想到这里，笑起来了，对那个小朋友说：“下课的时候，咱俩一起玩，是好朋友。可是上课的时候，我就不认识你了。”

听了高士其的话，这个小朋友也笑了。

高士其从小就用功读书，他的学习成绩年年都是班级里最好的，全校老师和同学都夸他是个好学生。

高士其之所以取得好成绩，离不开他对学校纪律的遵守。他按时到校，不无故迟到；特别是在课堂上认真听讲，不受干扰，不受诱惑，把精力全部用在听讲和学习上。其实，哪个学校都有纪律，只是有的学生遵守了，有的学生没有遵守而已。那些成绩好的学生，大都是遵守学校纪律的学生。

而那些不遵守纪律的孩子，往往让家长和老师伤脑筋。当老师向家长告状之后，家长总是十分着急，说孩子吧，不管用，又不能到学校看着他，简直无计可施。

教育孩子遵守纪律，需要花大力气，需要家长与老师共同配合，不可能一说就灵，一下子就解决问题。孩子不遵守纪律，基本原因是意志品质不强，自我控制能力弱。所以，教育孩子遵守纪律，要从培养孩子良好的自制力入手，针对孩子不守纪律的具体原因进行，只要下了功夫，总会收到良好的效果。

（1）师生之间要建立良好关系

有的孩子不遵守纪律，是与老师相处得不好，导致不遵守纪律。有的时候，老师因为工作方法简单或工作不慎，对一些孩子批评失当、责备过多，甚至讽刺和挖苦；或者对孩子的问题处理不公正，不能满足孩子的正当需要，使孩子与老师之间感情疏远，甚至产生反感、对立的情绪，这些情绪往往从纪律性上表现出来。

解决这样的问题，必须从建立师生感情入手。首先，家长不要反感老师，特别是不要当着孩子面说长论短，应以理解的态度对待老师做过的一些事。其次，要给孩子耐心讲尊师道理，讲古今中外的尊师故事，说服孩子消除对立情绪。最后，对老师的缺点要进行客观分析，适当时机以委婉的方式跟老师交换意见；还可以主动带着孩子找老师，跟老师一起讨论教育问题，要求孩子支持老师工作，主动帮助老师做一些事情。一旦师生之间的隔阂化解了，师生之间的关系就融洽了。

（2）培养孩子良好的习惯

有的孩子不遵守纪律，是因为缺乏良好的习惯。由于这些孩子在学前阶段就没有培养起良好的行为习惯（包括按家长、老师要求做事的习惯），导致入学后纪律不好，甚至一直不遵守纪律。

人的各种习惯是互相关联的，好习惯是这样，不良习惯也是这样。一个孩子，如果玩具乱扔，文具乱放，不按时起居，不正常吃饭，想做什么就做什么，生活没有规律，肯定不会有很好的纪律性。教育这样的孩子，必须从立规矩、培养良好习惯入手。平时，家长对孩子的要求要简明、合理，坚持下去，不能虎头蛇尾。要和老师配合，培养孩子遵守纪律的习惯。这里有两点最重要：一是家长能不能坚持；二是跟老师是否主动配合。这两点做不到，解决问题就成了一句空话。

（3）培养孩子的学习兴趣

有的孩子不守纪律，是由于缺乏学习兴趣。学习兴趣是一种动力，对感兴趣的学科，孩子上课就遵守纪律；而对于不感兴趣的学科，孩子上课就乱说乱动。自制力强的孩子能够自我约束，表现不明显，而自制力差的孩子自我约束能力弱，问题就大。

解决这些孩子的"纪律"问题，应该从培养、强化孩子的学习兴趣入手。值得注意的是，孩子的学习兴趣，跟老师的感情疏密有关。对某一学科的学习兴趣与教这一学科老师的感情是互相促进的关系。因此，家长须从两方面去做工作，效果会更好。

（4）培养正确的是非观念

有些孩子不遵守纪律，不仅表现在课堂上，课后也常有违纪现象。这由于孩子的道德是非观念淡薄，思想意识有偏差。家长应与班主任认真交谈，仔细研究，共同帮助孩子分清是非，提出改正措施。对这样的孩子，建议老师在班上安排合适的工作任务，使他在为同学服务中提高自信，提高威信，从而提高自我约束的能力。

遵守纪律的最高境界是"自觉"，"自觉"是一步一步培养起来的。解决孩子不守纪律的问题，家长应与学校密切配合，共同调动孩子自身的积极性，并坚持不懈才能见效。

让孩子从小遵守社会公德

所谓社会公德，指的是社会全体公民为维护社会正常生活秩序和人际关系而必须共同遵守的最简单、最起码的社会公共生活准则。它是调节人们在社会公共生活中的相互关系，维护公共生活秩序和社会共同利益，为社会普遍公认的最基本的行为准则。

在我国，社会公德与社会主义道德理想、价值取向是紧密相联的，即社会公德既表现于个体行为的选择，又是个体较高层次道德观念的表现形式。人们只有自觉地以社会公德规范约束自己的言行，才有可能实践社会主义道德，进而达到共产主义道德的崇高境界。

遵守社会公德，形成良好的社会秩序和道德风尚，对于国家的稳定和发展、公民自身素质提高，特别是儿童少年一代的健康成长，都有着十分重大的意义。

利益是道德的基础。社会公德作为维护社会公共利益的道德规范，其本质是重视他人的存在，重视个人与社会、个人与企业、个人与自然的关系，以此协调人际关系、协调生态关系，维护社会公共生活的相对稳定。社会公德教育和建设的目的是保障人们日常生活和交往的正常进行，并且使人们在相互交往中自觉养成尊重他人、关心社会、关心企业、保护环境的习惯，防止破坏和威胁社会公共生活的各种不良行为，从而确保良好的社会秩序、工作秩序、生态环境秩序。

自古以来，任何一个国家都用社会公德要求来维护民族团结、社会安定，促进社会进步。一旦社会公德被破坏，必然导致人们行为失范、社会混乱，最终受害的还是广大老百姓。遵守社会公德是利国、利民、利己的好事。如果认为讲公德吃亏，大家都只顾自己，吃亏的将是所有的人，也包括自己。

(1) 教育孩子做到“五爱”

教育孩子遵守社会公德，重要的一点就是教育孩子努力做到“五爱”。许多家长对“五爱”并不陌生。从 20 世纪 50 年代开始，我国中小学生都接受过以“五爱”教育为主要内容的道德教育。1982 年，全国人大通过的《中华人民共和国宪法》把“五爱”表述为：“国家提倡爱祖国、爱人民、爱劳动、爱科学、爱社会主义的公德。”1986 年中共十二届六中全会通过的《关于社会主义精神文明建设指导方针的决议》中重申：“社会主义道德建设的基本要求，是爱祖国、爱人民、爱劳动、爱科学、爱社会主义。”而且要求：“五爱”在社会生活的各个方面体现出来，包括在“家庭内部和邻里之间”也要体现出来。这说明对孩子进行“五爱”教育是所有的家庭义不容辞的责任。家长在对孩子进行“五爱”教育中应该注意以下事项：

一是把情感教育与理性教育结合起来。“五爱”突出的是一个“爱”字，有了爱才会在言行中表现出公德品质。可是爱不是无源之水、无本之木，必须建立在大量感性知识和理性知识基础之上，正所谓“知之深，爱之切”。比如爱祖国的教育，离不开祖国的大好河山，离不开祖国的悠久历史，要把自己的所见所闻、切身感受充满感情地讲给孩子听，而且要鼓励孩子知道得更多，认识得更深。

二是把“五爱”的内容相互联系起来。“五爱”是一个紧密联系的整体，在教育中要重视这种联系，提高教育实效。当我们和孩子一起畅谈北京奥运会、上海世博会、祖国统一、嫦娥奔月、太空行走时，“五爱”的内容都渗透在里边。只要家长在交谈中加以点拨，孩子的认识就会提高，情感也会加深。

三是根据孩子的年龄特点分别对待。孩子年龄不同，教育内容和形式应有区别。小学中年级以下的孩子，需要直观、形象、生动的教育。中年级以后的学生喜欢走得更远，接触实际更多，而且开始对“字书”感兴趣。中学生感情越来越丰富，渴望实践，对富有哲理的名言、警句有偏好。家长对孩子的教育必须充分重视孩子的年龄特点，选择合适的内容和方式。

（2）教育孩子遵守公共生活规则

公共生活规则是社会生活必需的、最简单、最起码的公德要求。只要从小培养起公德意识，使社会和谐就不难。而许多人走上错误的道路往往是从不讲公德开始的。比如，在一个居民小区里，你也乱倒垃圾，我也乱倒垃圾，弄得臭气熏天，蚊蝇孳生，闻臭味的是所有的住户，带着细菌、病毒的蚊蝇也不会选择窗户。如果大家都保护环境卫生，受益的是每家每户；如果有一家只顾自己，这家就成了害群之马。

（3）养成爱护公共财物的习惯

从小培养孩子要像爱护自己的东西一样对待公共财物。教育孩子在外边要爱护公共设施，保护文物古迹，不乱写乱刻。跟孩子一起外出时，对那些破坏文物的现象表示义愤，进行分析批评，不能无动于衷。教育孩子在学校要爱护桌椅、教学器械、体育器材，积极参加维修桌椅等活动。

（4）学会遵守公共秩序

教育孩子在公共场所自觉遵守各种规章制度和纪律。在影剧院、体育场、公园、图书馆、商店、公共汽车上，一定按规定办事，不为个人利益破坏规定。尤其是看到有人破坏规定时，不要出于从众心理也跟着去做，应该劝阻那些违规的人。

（5）养成保护环境的习惯

有些人不讲公德，随地吐痰，乱扔纸屑烟头，乱泼脏水，甚至公然破坏环卫设施。要教育孩子分清是非，绝不能做不文明、不道德的事情。当发现孩子有这方面缺点时，及时指出并立即纠正。教育并支持孩子积极参加大扫除和保护环境的各种公益活动，有机会时跟孩子一起参加，对孩子最有教育作用。

(6) 学会关心公益事业

关心公益事业的最基本表现是助人为乐。助人为乐是出于单纯和善良的动机，而不是为了受表扬。社会上许多助人为乐的人都是不留姓名的，应教育孩子向他们学习。

公益事业有固定性和非固定性的。像"希望工程"、社会福利活动、"春蕾计划"（救助失学儿童）等是相对固定的公益事业；像为生病的人募捐、支援灾民、救助遭受不幸的家庭等是非固定的公益事业。家长要与孩子一起为公益事业做力所能及的事情，要以我们的善良与同情心熏陶孩子，使他们从小有一颗美好善良的心灵。如果认为公益事业"事不关己，高高挂起"，采取不闻不问的态度，将会在孩子心里埋下不良的种子。

家长们都期望自己的孩子成为文明、善良、有高尚公德的人，而实现期望要从现在做起，从我做起，从每个家庭做起。

培养孩子正直无私的品质

某中学寄宿学校女生寝室里丢了两次钱，大家都怀疑是颖颖所为，便一致影射她。而一个叫静静的女孩从心底不认为是颖颖，而且认为在无确凿证据的情况下，不能凭怀疑诬人清白。看到颖颖痛苦的样子，静静很同情，可她又拿不出颖颖不是贼的证据。其他女生看静静同情颖颖，也开始对静静翻白眼，大有不加入她们一伙就也把静静当贼的架势。但静静始终可怜颖颖，没有说她一句坏话。她认为，即使真的是颖颖，谁能保证一生不犯错？尽管大家都和她断绝了关系，但静静坚持不随大流。

静静把这个遭遇告诉了母亲，请求母亲的支持。母亲给她讲了一段往事：30多年前，母亲在乡下读初中，一位跟母亲要好的女友在申请入团时，支书跟她谈话，要求同母亲划分界线，因为那时母亲的家庭成分不好。不料，她的回答竟是："那我不入了。"于是她被关在了团的门外。但她依然毫不在乎地跟母亲亲近。母亲觉得自己连累了她，可她说："你又不是坏人。"这件事让母亲越发感到朋友的难能可贵。

这个故事使静静坚定了自己的立场，增强了信心。后来，静静寝室的盗窃案终于破获，行窃者根本不是她们宿舍里的人。

什么才是正直的品质呢？正直的品质主要表现在诚实、言行一致、富有同情心、待人真心真意、有正义感。静静的行为，就是一种正直品质的体现。

正直的人总是公开说出自己的意见和愿望，不隐瞒自己的观点，并按照它去行动。所以要教孩子说出自己的想法和愿望，不要转弯抹角。正直的人不随声附和，凡事要拿出自己的看法。不了解情况的事不乱说。他们不随意议论别人，有意见当面说出，以求得到解决。

正直的人勇于承认自己所犯的错误，不怕受处分，不说谎，更不诿过于人。

正直的品质对孩子身心发展起着重要作用。但一些家长认为，面对今天越来越复杂的社会，培养孩子正直品质就意味着让孩子有什么说什么，对人对事开诚布公，有意见当面提，严于律己，宽以待人，但结果势必使孩子得罪人、吃亏。

家长这种说法固然有一定道理，但是，需要提醒家长的是：孩子在儿童期，特别是幼年阶段，其成长的主要养料就是真善美。那么，如何让自己的孩子在这一关键期，心灵尽可能不受外界干扰而接受真善美的雨露滋润呢？这既是每一个父母应尽的社会责任，也是父母慈爱之心的真实写照。

(1) 多给孩子正面引导

孩子是祖国的未来、家庭的希望，是终将独立走向社会的人。在孩子的成长过程中，会有许多幸福、快乐和成功，也会遇到坎坷、曲折、委屈和痛苦。孩子的生活经验就是在生活的实践中逐渐积累的，在不断经受的磨炼中学会做人，从而完善自己的人格。

在孩子遇到问题、产生困惑时，父母的支持与鼓励、引导，将会对孩子的成长起到重要的作用。特别是交流、讨论、谈心式的教育，更是值得倡导的教育方式。与孩子就某些事情做一番交流，可以帮助家长了解孩子对事情的真实感受与想法，继而提出成人认为正确的建议，引导孩子正确分析、思考问题，使孩子运用自己的智慧、信心和判断力去做出决定。这样孩子才能在更加复杂的学校、社会环境中经受考验，得到修正和磨炼。

（2）做孩子的好榜样

父母要以身作则，做诚实正直的表率。常言道“身教重于言教”，父母的行动对孩子来说是无声的语言、有形的榜样。教育孩子诚实，家长应该首先做到忠诚老实。但在现实生活中，有许多家长都没能够表现出诚实正直的品质，例如，有的家长明明看见自己的孩子先动手打了邻居的孩子，反而说邻居的孩子先动的手。这位家长实际上是在不知不觉中引导孩子做错事。

苏联教育家马卡连柯曾说过：“不要以为只有你们（父母）和儿童谈话的时候，或教导儿童、吩咐儿童的时候，才是执行教育工作。在你们生活的每一瞬间，都教育着儿童……”宋庆龄也曾说过：“成年人的一言一行，都是孩子的榜样，大人骗孩子，孩子也学会了欺骗……”因此，父母要以自身的优秀品质来影响孩子，使孩子成为一个诚实、正直的有高尚品质的人。强调身教，并不是说可以忽视言教，身教与言教密切结合，才能真正收到良好的教育效果。

（3）支持孩子坚持正义

有一次，一位父亲去幼儿园接儿子，发现他儿子因看不惯班里一个强壮的孩子欺负一个弱小的孩子，而主动上前帮助弱小的孩子，以主持公道。回家的路上他表扬了儿子勇敢的行为，并进一步教育孩子：对自己认为正确的事情，不管别的小朋友怎么看，要敢于坚持。同时，对待小朋友的缺点和错误提出批评和帮助时，要讲究一些方式方法。如果自己有错，也应主动承担责任，以获得其他小朋友的谅解和帮助。这位父亲支持儿子坚持正义的做法，对孩子养成诚实正直的品质很有帮助。

（4）教育孩子关心、体贴他人

让孩子从小就懂得关心和体贴他人，这是培养孩子诚实正直品质的道德情感基础。首先表现在对他人要有责任心。其次表现为对他人的同情怜悯之心，这是一种善良的道德情感，是救死扶伤、救人于危难、见义勇为、助人为乐的基础。

自制力，是增强社会免疫力的"疫苗"

自制力是能够控制自己、支配自己并自觉调节自己行为的能力。它表现为既善于促使自己去完成应当完成的任务，又善于抑制自己的不良行为。对于孩子来说，由于中枢神经系统尚未发育完善，神经纤维尚未全部髓鞘化，传递的神经行动容易泛化，不够准确，因此会常表现出自制能力比较弱。比如说，孩子也知道饭前吃零食不好，但当他看到香喷喷的点心和甜甜的巧克力时，禁不住美味的诱惑，趁妈妈不在家就拿来吃了；又比如孩子去医院，在路上他答应妈妈看病时不哭，但当医生把听诊器放在他的前胸时，他又哇地哭了出来。孩子的这些行为都说明，他们并非有意和大人过不去，而是缺乏控制自己的能力。

小果是某小学低年级学生，上课不能集中精力听讲，虽老师一再提醒，但他仍然控制不住，小动作接连不断。一旦下课，他就快活得像个学龄前孩子，东跑西窜，玩个没够。如果让他坐下来写作业，他哼哼唧唧，摇来晃去，屁股坐不住。这样不但影响自己的学习，也影响了别的同学。

小果的情况属于"儿童多动症"，这是一种心理障碍，其核心问题就是自制能力不足。

自制力是孩子良好心理品质的一种，家长应该注意孩子自制力品质的培养。那么，如何培养孩子的自制力呢？

（1）从小培养并及时督促

对孩子的自制力，不应消极地等待它“树大自然直”，务必从小积极培养。从孩子能理解大人的话时开始，家长就要注意帮助孩子逐步学会正确评价和判别自己行为的适宜度，让孩子慢慢明白，什么是应该做的，什么是不该做的。一般来说，孩子比较小时，自制力的培养主要是生活习惯上的问题，如规定孩子有规律地生活，让孩子按时就寝、准时起床、按时吃饭、按时做作业及游戏、按时完成父母指定的家务等。也许开始培养时，孩子不一定完全理解某种做法的道理，而是单纯地反射。例如：父母不许孩子玩火柴，每当孩子拿起火柴时，就受到不能玩这个的约束，久而久之，看到火柴就不动手了，但对于玩火很危险的道理却还不甚了解。随着年龄增长，在培养孩子约束自己的同时，要让孩子懂得其中的道理，及时进行道德教育。

（2）制定一些规则

给孩子订立规则，要求他持之以恒地执行，对于自制力的培养十分有益。

暑假开始了，文文和妈妈通过讨论签下暑假规则：每天只吃一次冷饮；每天看半小时动画片；做完一门功课，收拾好课本再做另一门功课；晚上 9 点 30 分上床，背两个单词后熄灯；平时打篮球 1 小时，自己洗运动服。规则不多，只有 5 条，但订了就坚决执行，不马虎不迁就，更不允许任性骄横，为所欲为。两个月时间，文文进步神速。

家长还可以为孩子制定一些卫生习惯、劳动习惯、家规等行为准则；利用校规，约束孩子的行为，也会收到良好的效果。必须注意的是，这种行为准则不能过度或过于详细，否则会损害孩子的独立性。孩子过于“听话”，不利于他的成长，这样的孩子往往缺乏创造性和开拓性。父母只要抓住主要问题就可以了，待孩子慢慢长大后，再注重社会道德规范和社会责任等方面的教育。

对孩子适用的规则，父母应该认真掌握，不能今日河东明日河西，使孩子无所适从。这样当然也就难以培养孩子的自制能力。此外，规则不宜过多，"不许"多了，将会压抑孩子的探索欲。

(3) 启发孩子的意志力

孩子自制力的发展是和孩子的自觉性、坚持性等相联系的。父母要启发孩子的自觉性，养成孩子良好的行为习惯，让孩子坚持体育锻炼，独立完成作业，克服学习中的困难，形成比较稳定的意志品质。

娜娜一度痴迷言情小说，不仅成绩滑坡，还精神不振。但当她意识到问题的严重性后，说不看就不看，自制力非常强。她的强大自制力并非天生，而是得益于父母从小对她进行的意志力培养。一般来说，父母会在孩子成功之后给予赞美和鼓励，但对孩子活动过程中的自制和努力视而不见。而娜娜的父母很看重女儿在完成任务过程中的努力，不管结果如何，首先会对她克服困难达到目标的精神给予鼓励。有时，她用心做一件事而不能成功，也曾想放弃，这时父母会鼓励她"再试试看""能不能换一种办法"；当完成起来确实有困难时，又在行动上帮助她。有一次，娜娜用橡皮泥做长颈鹿，鹿脖子总也竖不好，她就泄气不做了。父母给她几根牙签，让她再试试，她立刻坚持下去并高质量地完成任务。这虽是一件小事，却能培养孩子的自制力。

(4) 要有足够的耐心

当孩子出现缺乏自制力的行为时，父母一定要冷静，耐心说服，同时父母也要反省一下自己的教育方法是否得当，是否采取了令孩子心悦诚服的态度和方法，并检查规定，有些规定是否过头，过于束缚孩子等。只要父母不粗暴地对待孩子，而采取生动活泼、寓意深刻的事例耐心说服孩子，孩子是会改变的，并逐步成为一个具有较强自制力的人。

玮玮的学习成绩名列前茅，可自从迷上电脑，成绩直线下滑。妈妈气得揍他，他当面保证不再玩，背着妈妈还是偷偷地玩。上初中后，他自己认识到这样下去不行，想摆脱诱惑，但因自制力太差，总不能成功。家长通过咨询心理医生和阅读相关书籍，明白了青春期的孩子有逆反心理，不喜欢听说教。于是，妈妈就改正唠叨的毛病，写张纸条放在玮玮的书桌上："我知道你内心是矛盾和痛苦的，你认识到沉溺电脑游戏对学习有害，但又陷入其中不能自拔，这都是自制力太弱导致的。曾有人说过，哪怕是对自己小小的克制，也会使人变得坚强。"第二天，玮玮主动向妈妈打听怎样才能增强自制力。妈妈说："不需要特殊方法，自制力是在日常生活小事中逐步磨炼出来的。比如按时起床，还是再赖会儿床；看精彩节目，还是完成作业。这都是对自制力的考验。如果你在小事上加强自制力的锻炼，遇到大事，也能表现出坚强的自制力。"

（5）家长作出表率

有人做了一个试验：给幼儿看有关"自制力"的录像（比如，等妈妈来了再吃饼干、公共场所不乱跑、参观画展时不乱摸等），结果这部分幼儿比没看录像的幼儿自制力强。可见，自制力需要榜样。

生活中，孩子最爱模仿的对象是父母，父母自制力的表现会影响孩子自制力的发展。例如，晚上，父母和朋友打牌，孩子就可能坐在电视机旁做作业；周末，父母没按时起床，孩子也会趁机躺在床上看小说，放弃英语早读；父母忙得顾不上整理房间，孩子书桌上讲义、卷子、本子也会乱堆……所以，冲动的、情绪不稳定的、行动缺少自制的父母，必须先要求自己增强自制力，才能帮助孩子建立自制力。如果父母能训练自己排除干扰、集中精力、令行禁止、说到做到，那么孩子一定会受到影响，自制力也一定能提高。

责任心决定孩子一生

责任心是一个人立足社会、获得事业成功至关重要的人格品质。然而，许多父母过多地注重孩子的智力和身体发展，却不大重视对孩子责任心的培养。

由于年幼缺乏知识和经验，孩子经常会造成一些过失，这毫不奇怪。比如，孩子不小心打碎了物品、一时冲动伤害了别人、粗心大意造成了麻烦等。发生这类过失的时候，许多父母会这样责怪孩子：“你怎么搞的？你怎么能这么做呢？可恶！”虽然孩子挨了骂，却什么事也没有了，什么责任也不必承担，该学习就学习，该玩就玩；父母则留下来作处理，又是道歉，又是赔偿。这样做，等于剥夺了孩子承担责任的机会，孩子怎么可能有责任心？

有这样一位父亲，他的儿子因为打架斗殴被公安机关拘留，罚款和承担医疗费共计5000元，而父亲没有这么多钱，怎么办呢？这位父亲东挪西借，好不容易凑够了钱替儿子交上去。然而，儿子却不思悔改，又犯了抢劫杀人罪，被判处极刑。

这位父亲的行为不是让儿子对自己的过失负责，而是自己为儿子的过失承担了责任。从表面上看这也是一种“爱”，但是，这种“爱”却葬送了儿子，最终还是由儿子为自己的过失负了责，不过付出的是生命的代价。父亲的这种“爱”因此变成了“残酷”。

可见，培养孩子的责任心十分重要，每一位家长必须认识到这一点。要培养孩子的责任心，可以从学习和生活两个方面着手，从一点一滴做起。

（1）给孩子一个好榜样

有的家长为了自己的逍遥自在，把孩子交给爷爷奶奶、外公外婆抚养，一两个星期才与孩子见上一面；有的家长在工作单位漫不经心，抓到机会就跑回家做家务、上网、看电视等；有的家长不孝敬自己的父母，孩子的爷爷奶奶生病住院了也不在医院看护，依旧与牌友在一起豪赌；有的家长缺少爱心，一遇到捐款、献血等就退避三舍，寻找种种借口为自己开脱；有的家长对自己的爱人一点儿都不负责任，经常在外面拈花惹草，桃色新闻不断……父母的这些所作所为，孩子都看在眼里、记在心上，长期的耳濡目染自然影响到孩子，孩子也会去效仿。这样的家长就是想教育孩子做事要有责任心，孩子也会很不服气，不以为然。所以说，父母只有在生活中严以律己，给孩子作好表率，才能更好地去影响和教育孩子。

（2）培养孩子求知的责任心

向孩子讲科学界杰出的学者勤奋学习、勇于攀登科学高峰的动人事迹，同时还要多带孩子参观科技展览，鼓励孩子参与科学实验，让孩子自觉、勤奋、认真地学习科学文化知识，让他们自觉地形成勤于学习、渴望知识的责任心。

（3）培养孩子艰苦奋斗的责任心

今天，许多孩子浪费严重的现象已不足为怪。如饭桌上、孩子碗中余饭余菜比比皆是，还理直气壮地说："我吃饱啦""不要强人所难"……对此，家长可用警句等道理来教育孩子，让孩子懂得珍惜粮食、爱惜劳动成果。此外，家长还要教育孩子不要乱花压岁钱，引导孩子将压岁钱储蓄或购买必要的学习用品，不要追求高档、讲究豪华、奢侈浪费，让孩子从小树立勤俭节约、艰苦奋斗的良好作风和责任心。

(4) 培养孩子文明礼貌的责任心

就是注意在生活中培养孩子讲文明、讲礼貌的风尚。例如，在家庭里尊敬老人；在学校里尊敬老师，团结同学，遵守纪律；在公共汽车上让座位给老人；在公共场合，遵守公共秩序，爱护花草树木；支援灾区，自觉主动献爱心，捐物捐钱；积极参与希望工程活动；别人有困难积极帮助；学雷锋要见行动……通过各种活动来培养孩子讲礼貌、讲文明的责任心。

(5) 培养孩子热爱劳动的责任心

让孩子做力所能及的家务，例如：房间摆设，让孩子参与策划和布置，给花浇水、施肥、松土，洗自己的衣服，整理收拾自己的床铺等。通过这些有益的劳动，使孩子有自豪感和被尊重的感觉，从而自觉主动地参与劳动。

(6) 让孩子自食不负责的苦果

为了培养孩子的责任心，家长可以适当地让孩子品尝一下办事情不负责任的苦果，使他下次做事情的时候不再会马马虎虎、草率了事。比如，孩子上课忘了拿文具，打电话央求家长给他送去，这时家长可以拒绝孩子的要求，孩子尝到了苦头之后就会多长点儿记性。孩子平时喜欢乱拿乱放东西，提醒多次也不起作用，某天孩子的作业特别多，而且又急需一本参考书，可是找了半天也没有找到，家长这时不要顾忌影响孩子的作业而帮他找，尽管让他费时费力地去找好了，反正作业总归是要完成的，耽误的时间越长他就只能休息得越晚，给他留的印象也就会越深刻。

第四章　让孩子享受甜，也要让孩子吃吃苦

- ✻ 从小养成自立的品质
- ✻ 舍得孩子出远门
- ✻ 让孩子从小体验生活
- ✻ 给孩子锻炼的机会
- ✻ 让孩子爱上劳动
- ✻ 克服孩子依赖家庭的习惯
- ✻ 别让孩子太娇气

从小养成自立的品质

据报道，某市青年志愿者协会开通志愿者报名咨询电话后，吸引了大量市民咨询，其中，在校大学生占了相当大的比例，但有近两成的大学生是由家长代劳来咨询的。当工作人员要求这些家长让孩子自己来咨询时，多数家长以孩子上学忙为由谢绝了，让工作人员哭笑不得。

大学生参加志愿者服务是一次很重要的人生历练，如果连咨询都由家长代劳，参与者的主动性和对志愿活动的理解、体验都会大打折扣。而这只是现在不少孩子事事要由家长操办甚至代劳的一个例子。

这个例子，实际上是一个关于孩子自立的问题。自立是一个人最起码的要求。试想，一个连日常生活之事都处理不好的人，能自如地处理好职场中与上下级及同事的关系吗？能担当起公司的重任吗？

在许多发达国家，父母普遍重视从小培养孩子的自立能力和自强精神。之所以如此，是因为发达的市场经济要求社会成员必须具备这种能力和精神。在美国，父母从孩子小时候就让他们认识劳动的价值，让孩子自己动手修理、装配摩托车，到外边参加劳动。即使是富家子弟也要自谋生路。美国的中学生有句口号："要花钱自己挣！"

常有家长抱怨，现在的孩子总是长不大。比如，从小学到中学，不少学生必须由家长送接，甚至到大学还要家长陪读。大学毕业找工作，父母还要陪孩子四处奔波。一时没工作，二十几岁的孩子可以安然在家“啃老”。在学校，老师对学生也不敢有丝毫放松，为了安全考虑，有的连课间自由活动都取消了，更多的学校叫停了学生向往的春游，使学生接触校外社会生活的机会越来越少。

在这样的环境下，一些孩子生活能力低下，有的甚至连基本的生活常识都不了解，更缺乏与他人的正常社交能力。一些孩子习惯于生活在由师长安排好的轨道上，缺乏自主选择人生的意识和能力，对学业以及未来的人生选择很茫然，一旦家长安排或选择的人生道路发生变化，即无所适从，有的甚至产生严重的心理问题。有的学生缺乏基本的应变能力，以致毕业求职屡屡碰壁、受挫。这显然不是我们希望看到的孩子健康成长的人生轨迹。

教育的过程，就是引领孩子走向社会的过程。让孩子学会自立，学会正常的社会交往，成年后顺利步入社会生活，这本是教育的基本目标和功能。如果在全社会对孩子的教育越来越关注的环境下，家长与学校倾其心血培养出的学生却总是长不大，连自立自主意识和能力都不具备，这无疑是教育的一大失败。

孩子总要长大，总要走自己的路，总有一天，孩子必须独立面对这个美丽又充满挑战的世界，那么，如何培养孩子的自立能力呢？

（1）鼓励孩子的自立行为

孩子在1.5～2岁时，自立的倾向就表现得很明显。如在喂饭时，他常把饭勺抢在手中，自己试着使用；走路时反对别人拉着走，下楼梯时也会拒绝大人的帮助。以后逐渐会自己试着穿衣、穿鞋。有时他做不好这些动作，当大人要帮他时，他会立即推开大人的手，这就是孩子最初的自立性表现，说明孩子有自己去完成某些事情的愿望。孩子长到4～5岁，不但行动灵活，自立性也明显增强，多数都根据自己的主张行动。

家长对孩子的自立性表现，应当给予保护和支持，使其得到早期开发，这有利于将来儿童的智力、社会能力的发展。但是，有许多家长对孩子自主性的最初表现缺乏正确的认识，认为孩子的这种表现是“淘气”“任性”，有意耽误大人的时间。这样挫伤和压抑孩子自主性的发展，是非常错误的。

如果家长对孩子一味包办代替，其结果会使孩子什么都不会干，进而形成依赖性。从智力方面讲，自主性差的人遇事依赖别人，拿不定主意，犹豫不决，缺乏独立思考能力及创造能力。由于懒惰，他们不愿自己动手做事，思维能力发展受到限制。在性格上，他们又表现为意志软弱，胆小怕事，缺乏独立克服困难和吃苦耐劳的能力。上学后，他们也会缺少竞争意识和刻苦钻研、努力进取的精神。

(2) 放手让孩子自己做

两岁大的孩子充分显示出了想模仿大人的天性。他们注意看父母打开大门，打开电视，倒洗涤液洗碗，然后他们就非常渴望由自己动手来做。

另外，两岁左右的孩子有了“我能做”这种想法，也是因为他们双手的灵活性提高到一个新的水平。他们每天要花很多的时间活动双手，琢磨双手怎样工作才能满足自己的愿望。一旦他们发现自己能够对双手有控制能力了，就非常想去实践一下，非常渴望测试一下自己最近变得更灵活的手指。他们愿意自己拉拉链，敲打计算机键盘、打电话、种植花草等，总之，各种事情都想尝试。

然而，在生活中，亲子之间常在为孩子适合做哪些事情的问题上发生分歧。例如，孩子没有兴趣把自己的衣服挂在衣架上，但是却对清洗鱼缸和水草特别着迷。因此，家长为了遏制孩子自信的过于膨胀，就会强调孩子能做哪些事情，并且给予孩子充足的空间让他去做，但是即使在最好的环境下，小冲突也是在所难免的。

一心想自立的孩子，为了自己单干，会抛开他平时最爱的人——父母。例如，穿衣服或把鞋扣紧之类的事情，要比孩子预料的困难得多，但是孩子为了证明自己能行，他会坚决抵制父母的帮忙。实际上，孩子这种反抗行为完全表达了他对父母的爱和信任。因为孩子只有在感觉安全的情况下，才会勇敢地坚持自己做事情。父母的爱恰恰是孩子独立和探索外面世界所需要的动力。

对于父母来说，他们所面临的最大挑战就是要努力做到：当孩子正在做自己有能力独立完成的事情，需要父母的存在却不需要父母插手代办的时候，能够找到其他方式来帮助孩子。

为了避免孩子受挫或者与孩子发生冲突，父母不妨采取以下对策：

一是协同合作。与孩子合作完成一件任务。先把一项工作分成 2～3 个部分，每人负责一部分。一方面可以提高孩子成功的概率，一方面又能提供给父母帮助孩子的机会。同时，还可以培养孩子的合作理念。

二是调整内容。父母可以做一些适当调整，从而适合孩子自己动手完成。看到孩子把水和牛奶洒得满桌满地都是，与其发火，不如换一套适合孩子使用的小一号的器皿，那么就减少了洒漏的机会。还有，如果在拉链上系一根短绳，那么孩子就比较容易抓住上下拉动了；如果洗手池前放一个小凳子，也就用不着每次父母把一切准备好，孩子才能刷牙洗脸了。另外，给孩子提供一些适合幼儿使用的小工具，比如玩具小扫帚、小铲子、小耙子，这些东西能满足孩子想模仿大人做事的欲望。

三是从容不迫。不要使孩子感觉匆忙，仓促了事。只要条件允许，就留给孩子充足的时间让他做家务杂事。冬天，如果孩子坚持自己穿上厚厚的外衣、戴帽子、戴手套，那么父母就让孩子自己去做，即使心里很清楚孩子肯定会花去 2～3 倍的时间才能完成，父母也要静静地站在一边让孩子自己完成。不久，你就会发现孩子能够自己穿衣了，而且速度也加快了。小小的成功，比如自己倒水喝，自己拉上衣服的拉链，都能给孩子成就感。如果父母还把其他一些简单的工作交给他，比如把在超市买的物品放到结算柜台上，让孩子负责接电话，让他把洗衣粉倒在洗衣机里等，孩子就会受到更大的鼓舞，因为父母的这些做法正在向孩子表明，你们认为他有能力做好事情。

舍得孩子出远门

诺贝尔从小就表现出对科学研究方面的天赋，同时对文学也具有浓厚的兴趣，发展潜力巨大。但是，将来他究竟走哪条路呢？父亲的初衷是想让儿子走科学研究的道路。他意识到：要孩子有献身科学的坚定志向，必须使他真切体验科学研究对社会的作用和意义，必须让他走出去，去接触世界先进科学，了解工业革命在各国的发展情况，从而自愿做出选择。于是，一个计划在父亲头脑中形成了。

一天，父亲对他说："孩子，你已学会了外语，身体也结实多了，到国外去走一趟吧。一个人多见些世面，会有不少好处的！"诺贝尔一听十分兴奋，他一直盼望有一天能到外面看那精彩的世界，本来这个愿望已在心里产生，只是担心父亲不答应才没有提出来。现在父亲主动提出来了，他怎么能不答应呢？他问父亲："我出去的任务是什么？"父亲微笑着说："你主要是学习各国的科学技术。"

就这样，还没有成年的诺贝尔第一次只身离家，漂洋过海，开始接触发达国家的科学技术。

一位年轻的著名学者，回忆自己成长道路时说：我家在海边，小时生活困难，9岁才上小学。5岁时就打猪草，帮家里养鸡养猪，还经常凌晨4点起床去

“赶小海”，捡海货拿到自由市场去卖。正是小时候的艰苦生活，磨炼了意志，懂得了做人的道理。进学校后，他珍惜时间，加倍努力，成绩一直很好，直到大学毕业出国留学，获得博士学位。

孟子曰：故天将降大任于斯人也，必先苦其心志，劳其筋骨，饿其体肤，空乏其身，行拂乱其所为也，所以动心忍性，增益其所不能。

磨炼必须面对各种各样的困难和挫折，要努力去战胜它们，既需付出体力，又需付出心力。在这个过程中，孩子会体会到做人的基本道理，不奋斗、不吃苦是不会成功、前进的。做人不可能总是轻松愉快、一帆风顺。正如古诗所写：“梅花香自苦寒来。”

磨炼必须面对实际，深入实践，解决一个又一个具体的问题，既需要知识，又需要能力。在实践中，许多不知道的东西知道了，许多不会做的事情会做了。知识增长了，本领也提高了。

许多家长心里其实知道磨炼对孩子是需要的，却很少给孩子磨炼的机会。主要原因是心疼孩子。爱还爱不过来呢，怎舍得让孩子吃苦。这就是所谓的“情感冲淡了理智”。此外，家长常常担心，孩子离自己远些去磨炼，怕生病，怕出危险。

当然，让孩子出门，安全问题最重要，家长应该控制孩子出门的时间，并且还要限制出门的范围，不要让孩子走得太远。如果采取这样的措施，孩子出门安全问题基本上就可以解决了。

（1）让孩子自己去上学

阿芬6岁上学，妈妈只在报名当天带着她去了趟学校。临出家门，妈妈告诉她：“好好记着路，以后上学、放学就要自己走了。”女儿很惊讶地看着妈妈：“啊？全靠我自己呀！”妈妈说：“对。学校离咱家不到两站地，你出门就沿着人行道走，放学时跟着少先队员过马路。这点儿小事情，妈妈相信，你一定行！”就这样，阿芬小学6年，妈妈只接送过这么一次。

后来，14 岁的阿芬带着爸爸妈妈的牵挂独自离家去了芬兰。一周后，第一封电邮告诉妈妈：初到，有点儿不适应，但有信心。一个月后则称：一切好转，学习甚忙。半年后，阿芬发来的电子邮件铺满鲜花：祝贺我吧，成绩全优。放假时，阿芬没回来，去打工，要自己挣一半学费。妈妈告诉她：不必太苦自己，家中可以尽力提供经济支持。阿芬却答复："从一个低收入国家拿钱到高消费国家学习，你们压力会很大，我自己努力，争取前两年自己挣一半的生活费；从第三年开始，自己养活自己。"那一刻，父母真的为女儿感到欣慰和骄傲。

许多家长低估了自己的孩子，他们并不是想象中的那般脆弱。待孩子到了一定的年龄后，只要教一些防范知识，完全可以放手让孩子独立去上学。平时，离校近的让孩子尽量步行，稍远的可采取自行搭乘公交等措施。撒手让孩子自己去上学，就是还给孩子一个健康自由的成长空间。

(2) 放手让孩子出远门

阿基米德小时候，父亲领着他去海边散步。海的对岸就是当时世界的文化中心——埃及。父亲指着那里问儿子："阿基米德，你知道那是什么地方吗？"儿子回答："当然知道啊，那不是埃及吗？"父亲望着远方，点点头，慢慢地说道："是啊，那是埃及。那儿有一个港口城市叫亚历山大，有很多著名的学者居住在那儿。而且，那儿还有藏书非常丰富的图书馆。儿子，你想去那里学习吗？"阿基米德兴奋地说："我愿意去！"父亲听了非常高兴，但是，他考虑到儿子还小，去那里求学会遇到很多困难，需要下很大的决心。于是，他有意识地试探一下儿子："可是，去那里要坐船漂过这片波涛翻滚的大海，你难道不怕吗？还有，你是要一个人去那么远的地方，爸爸妈妈不能陪着你，一切靠你自己照顾自己，你还愿意吗？"阿基米德低头沉思了一会儿，然后抬起头来，坚定地说："我不怕！可我有点儿舍不得爸爸妈妈，不过，等我学到了那么多的知识，再回来看望你们！"这一刻，父亲忽然发现，儿子不再是一个小孩子了。他被儿子的果敢和坚定深深打动了，这才是自己希望的啊！

回到家里，父亲立即着手为儿子整理行装和其他用品，毅然将他送到亚历山大城去学习。在那里，阿基米德没有辜负父亲的期望，他成功了。

著名作家朱自清说过："要让孩子在正路上闯，不能老让他们像小鸡似的在老母鸡的翅膀底下，那是一辈子没出息的。"有条件的家庭，当孩子达到一定年龄的时候，就要大胆地把孩子送出去，或求学，或接受培训，或参加各种户外活动，以此增强孩子的体质，开阔孩子的视野，增长孩子的见识，提高孩子的适应能力。

（3）让孩子自己去闯荡人生

19 世纪，在丹麦，一个出身鞋匠家庭的穷孩子，父亲去世不久，家人便为他的前途着急，并做了安排。奶奶主张他去当文书，妈妈主张他去学裁缝或木匠，继父让他自己去选择，孩子则坚决表示要去演戏，当一名演员。疼爱孩子的奶奶和妈妈经过深思熟虑，最终决定让孩子自己去闯荡。这位 14 岁的少年独自到了哥本哈根，去拜访一位著名的舞蹈演员表示想学跳舞，却被婉言谢绝；又去拜访剧团经理，表示想当一名演员，经理嫌他太瘦，嘲笑了他。为了生计他去给木匠当徒弟，结果木匠嫌他干不了重活儿而辞退了他。一心献身艺术的他又去拜访音乐学院的教授，表示要学唱歌，这次被留了下来。本想一展歌喉的他不久患重感冒坏了嗓子，又不得不走出音乐学院的大门。后来，皇家歌剧院发现他有写作才能，便送他去一所中学读书和练习写作，结果又因为校长的指责和嘲讽，离开了学校。但他不屈服于命运，廉价租了一间破旧房子的阁楼，住了下来，刻苦地复习功课，终于考进了哥本哈根大学。

这就是全世界最知名的作家之一、丹麦童话作家安徒生。不同国家、不同肤色的一代又一代的孩子从他的作品中，认识了世界上的美与丑、善与恶。

父母爱孩子，就应当让他自己去闯荡。安徒生的成功固然来自他的天赋，来自他的执着，但也不能不说来自他的奶奶、妈妈和继父那个让他闯荡的最终决定。因为正是这个决定，使他更多地看到了社会中的各种人物和下层人民的疾苦，磨炼了他的才智和毅力。父母不仅要支持有闯荡意愿的孩子，也要鼓励没有闯荡意愿的孩子，告诉他们在父母的保护之下永远成就不了才干，只有在社会上闯荡，才能成为适应社会的强者。

让孩子从小体验生活

赵小兰是一位华裔美国人，是“全美六大杰出妇女”之一。2004 年 1 月 11 日，因为“有处理行政事务的极高天赋、饱满的热情，以及帮助他人创建更美好生活的意愿”，被美国总统布什任命为劳工部长。

赵小兰是在 1963 年随母亲初次来到美国的，那时她的父亲已经在美国待了三年。一开始，赵小兰就非常用功。尽管一句英语也听不懂，但她不自暴自弃，而是每天上课时把黑板上的所有内容抄下来，到了晚上，再由父亲把所有内容译成中文，让她明白课程的内容。同时，父亲还从 ABC 开始为她补英语。早上闹钟一响，赵小兰姐妹便自觉起床，由赵小兰带头赶校车上学，放学后又带妹妹一起回家。父亲很赞赏女儿的努力，经常告诉她：你是家里的老大，爸爸在外面做事很忙，一切靠你自己去干，这样对你也是个锻炼，长大了才能有出息。

每次晚餐之后，赵家极少开电视。这时，母亲就陪着孩子一起读书，父亲处理公务。赵家也每年安排两次全家的旅游，从选择地点、订旅馆房间，乃至吃饭的餐馆，完全由孩子负责。这样无疑锻炼了孩子的参与能力。

穷人的孩子早当家。赵小兰很早就懂事，总是把一分钱当两分钱用。在外的花费，不论大小，她都要拿收据回家一五一十地向家长报账。这个习惯影响了她的一生。她在念大学时，还专门向政府申请贷款，然后利用暑假打工还钱。在学习上，赵小兰以自己的智慧和勤奋见长，继1975年以优异成绩毕业于荷里克山大学之后，又于1979年获得世界著名学府哈佛大学商学院硕士学位。

赵家父母还教育孩子要热爱劳动。他们要求孩子自己洗衣服、打扫房间。闲暇时，还要6个孩子分担家里的琐事。每天早晨上学之前，她们要检查自家游泳池的设备，捞掉脏东西。周末，则要把两英亩的院子里的杂草和蒲公英拔掉。很难想象，赵小兰家门前长达120英尺车道的柏油路，是几个姐妹自己一尺一寸铺成的。

不仅如此，赵家还从小教育孩子们要有责任意识。每到星期天，午餐后的点心时间，则举行每周一次的家庭会议，由孩子说出自己新的想法、收获，提出计划。当人们惊讶于赵家姐妹的纪律与服从的时候，要知道那是经由亲子之间充分沟通所获得的共识。

赵小兰大学刚毕业到父亲的船务公司实习，父亲为了磨炼她，特别给她做一般人难以完成的高难度工作，哪知赵小兰心灵手巧，她总是千方百计把父亲交办的工作做得十分圆满。正是父母有意的栽培，使赵小兰从小就增长了各方面的才干，尤其是管理和自我管理能力，为她日后从政打下了良好基础。

孩子总有一天是要自立于社会，自立于人生的，如果能从小培养孩子自己的事情自己做、自己的东西自己管、自己的生活自己安排的自我管理习惯，就能增强孩子行为的独立性、目的性和计划性，这对于孩子今后生活的幸福和成功无疑是有巨大帮助的。

著名科学家居里夫人的女儿伊伦不满9岁时，父亲比埃尔惨遭车祸身亡。居里夫人疼爱女儿，却从不娇惯她，几次放弃了可以让女儿得到一笔财富的机会，她说："贫困固然不方便，但过富也不一定是好事，必须依靠自己的力量，谋求生活。"伊伦把这句话视做最宝贵的财富，一直铭记在心，靠自己的双手开拓自己的生活道路。1935年，伊伦和她的丈夫弗雷德里克荣获诺贝尔化学奖，成为居里家族中第三个获得此奖者。

有些父母认为：爱孩子就是给他们创造一个舒适的环境、富足的生活，让他们在同龄人中显赫一番或在穿戴方面高人一筹。其结果却事与愿违，培养的是饭来张口、衣来伸手的寄生虫；花钱随心所欲，一切以自我为中心的小霸王。可怜天下父母心，这是中华民族的优良传统，但是过分的溺爱，子女非但难以成才，甚至容易误入歧途。让孩子体验生活，不管是赵小兰的家长，还是科学家居里夫人，他们在子女教育问题上的见解和做法，值得每一位父母学习。

（1）多给孩子实践的体验

实践的体验对一个人的成长至关重要。然而，今天的许多孩子，少有过“我能行”的体验。许多父母因为各种“爱”的理由，使孩子失去了很多体验的经历和机会。例如，因为怕孩子弄脏衣服而不让孩子参加户外活动和游戏，因为怕弄脏地板而不让孩子做洗碗、择菜等日常家务，因为怕孩子跌倒，游戏的时候受伤或感染细菌而阻止孩子栽花种草、挖虫子、踩水洼，更有的年轻父母为了从小培养孩子的淑女、绅士气质，拒绝一切会带来污渍的活动。

调查表明，现在的孩子花在户外活动上的时间不到闲暇时间的10%。其中5%的儿童从不参与户外活动。大部分儿童花越来越多的时间在家里看电视和玩电脑游戏。虽然这些孩子的父母大都希望孩子在学校参与更多的社交和体育锻炼，但对于孩子弄脏他们的小手却颇难接受。根据调查，这种广泛存在的“干净孩子症候群”，其一是因为父母们担心孩子的安全，其二是因为清洗孩子衣物的麻烦。

家长们是否想过，当我们回忆自己童年生活时，记忆深刻的不是哪次考试得了100分，而是自己亲身经历过的事情，自己亲自设计、参与过的活动。自己“秘密的”做的那些事情，不论是好事还是淘气的事，只要是自己想干的、爱干的、干成的，都会终生不忘，这就是体验。如果因为污渍这样的小事而使孩子失去体验的机会，那无异于是对本该属于孩子的快乐的一种掠夺。你可以想象当你的孩子某一天回味自己的童年，却只有奥特曼和音速小子吗？对城市独生子女人格发展研究发现，物质条件优越的“小太阳”们，居然缺乏成功的体验，因为他们做许多事情的权利都被爱心无限的父母剥夺了。

（2）检讨自己的观念和预期

父母在孩子的成长过程中自己也要不断地成长，接受新的信息，不断地调整自己对孩子的预期。结果重要，但过程才是孩子成长的经历。有的父母阻止孩子看书看报、参加课外活动，有一个不变的理由：“考大学又不考这个。”有这样想法的父母，对孩子的要求十分单一：“只要你能考高分，考上大学，我一切都可以给你！”甚至可以为此牺牲自己的工作和幸福。殊不知，这种“过度保护”无法使孩子正常成长，成长需要过程。正是父母的短视，剥夺了孩子体验成功的权利；孩子很少有机会体验成功，将会导致他们的心灵世界由荒原变成沙漠。

父母应该想一想：学习归根结底是为了让孩子有能力更好地生活；然而学习并不是孩子的全部，更好的生活也并不局限于更高的学位和更高的工资，更好的生活应该从孩子出生的那天就开始。对于儿童来说，游戏是他们的天性，也是他们的权力。一场雨后院子里的游戏，一次探索大自然的野营，一次助弱扶贫的志愿者行动……这些不能直接在孩子的高考试卷上加分，让他以优异的成绩进入理想的大学校园，却能帮助孩子拥有一个更完整、更高尚的人格走出家庭，进入社会。

（3）学会对孩子“放手”

父母总想把孩子当作“风筝”，把线牢牢抓在自己手里，害怕自己的“风筝”在空中飘逝。其实，有的担心纯粹是多余的。家长应学会放手，让孩子自己做事。在动物世界，我们看到很多动物用近乎残忍的方法迫使孩子离开它们的庇护，独立的生活。然而，我们什么时候可以对自己的孩子放手呢？对于孩子，我们要从小就敢于放手，从小事开始放手。

“会有风险”是许多家长的借口。这些父母也希望孩子可以去游戏，去体验，但是害怕孩子在游戏的环境中受伤，或是在不洁净的地方感染细菌。我们生活的各个角落都存风险，如果孩子对于风险没有体会，或者对风险的存在没有认识，他如何才能离开父母，面对世界？

其实，孩子经历一些小的“意外”，有利于培养孩子预知和处理风险的能力。有的时候让孩子体验风险，承担自己失误和对风险的不当预期而带来的麻烦和后果，对孩子的成长是难能可贵的，家长可以代替孩子干这干那，但无法代替孩子成长。成长不是一步到位的，教育没有直线，生命是体验、感悟的过程。

爱孩子的家长应该明白这一点：孩子不可能总躲在我们的翅膀下，应该放手给他单飞的机会，哪怕他会摔跤，哪怕摔跤会给我们带来一些麻烦，这是成长路上必需的代价。我们应该信任孩子，鼓励孩子，协助孩子，而不是代替他完成目标。

给孩子锻炼的机会

意大利教育家蒙台梭利说："教育首先要引导孩子沿着自立的道路前进。父母要把孩子看成一棵植物，要坚信他们能够自我生长、自我发展。家长要做的，就是为他们的成长提供肥沃的土壤，一旦孩子能独立地沿着人生道路前进了，那么藏在他们内心深处的各种潜能都能淋漓尽致地发挥出来了。"孩子的成长是要慢慢地磨炼的。家长不要总是替孩子做他们可以做的事情，如果家长做得过度，就会剥夺孩子自我发展能力的机会，还会剥夺他们的自信和勇气。

有的家长认为孩子还小，做事未必做得好，所以才包办。这样做的后果是剥夺孩子发展的机会，孩子自理自立的意识就会在家长一次次的"代劳"中越来越淡薄，孩子的独立能力也会越来越弱。其后果是，一旦孩子失去帮助，就会把自己的事情做得一塌糊涂。

艾森豪威尔是美国第 34 任总统，他从小受父母的教育和影响，形成百折不挠、奋勇向前、勇于同困难作斗争的精神品质。艾森豪威尔的父母从不溺爱孩子，他们从小就培养孩子做家务，即使是男孩子也不例外。在学习之余，家里的孩子还要做饭、打扫卫生等。他们制定了非常严格的家规，用此来培养孩子良好的生活习惯。比如孩子们早晨 6 点必须准时起床，晚上 21 点就必须停止嬉戏，上床睡觉。父母还创造出很多条件让他们参加劳动。艾森豪威尔家旁边有一块空地，春天的时候，父母带着孩子们在那儿种上了很多蔬菜。等到秋天收获的时候，几个孩子就负责把菜运到城里去卖，然后用卖的钱买他们需要的衣服和学习用品等。

一次，艾森豪威尔的弟弟染上了猩红热，家里顿时紧张起来。妈妈向艾森豪威尔交代了一件“大事”，就是给全家人做饭。

因为弟弟得的是传染病，父亲和几个儿子挤着住在楼下，妈妈则和一位邻居大妈一起照看弟弟，两个哥哥在外面做工。所以烧水做饭的事情就自然而然地落在了艾森豪威尔头上。艾森豪威尔小小年纪哪里会做饭。况且，此前他根本没做过饭。但是他想，好多事情都是逼出来的。母亲把这件事交给自己了，就要下定决心把饭做好。

刚开始，母亲手把手地教他怎么切菜、怎么生火。母亲还每天吩咐他做什么饭。每当吃饭之前，他都会在厨房里忙活一阵，还真的能行。或许是从来没有做过饭的原因吧，他感到还有几分新鲜有趣，所以做得极其认真仔细。由于手艺不精，他做的饭菜，常常让家里人吃得直皱眉头，还叫嚷着难以下咽。

后来，他越做越熟练，还练就了一个拿手好菜，就是会做一种汤，家里人都非常喜欢喝。艾森豪威尔真是高兴极了。

现在，许多家长都在抱怨自己的孩子懒得很，一点儿小事也不做。这中间的原因多在于家长教育不得法。要知道，父母的一言一行会给孩子们留下深刻的印象，要使他们明白只有依靠艰苦的劳动，才能改变和创造生活。所以，做家长的就应当像艾森豪威尔的父母一样，从小就让孩子学会劳动、学会生活，在劳动和生活中成长，从中培养自立自强的意识，为将来的成功打下良好基础。如果孩子长到了十几岁了，还四体不勤、五谷不分，过着饭来张口、衣来伸手的生活，那么，即使他学到了满肚子知识，也无法应用于实践。

有的父母害怕孩子失败，所以不想把事情交给孩子去办。不可否认，在成长的过程中，每个孩子都会遇到这样那样的问题。但这不应该成为借口。在这方面，法国的科普森夫妇为我们做了一个榜样：在他们看来，孩子做不好是正常的，如果没有经历过失败，又怎么能享受到成功的喜悦呢？而孩子的成长本身就是在失败中一步步走向成功的过程。

科普森夫妇的女儿埃莉就是在这样的环境中长大的。有一次，科普森把水壶放在煤气灶上，里面的水被烧得滋滋作响，他在水壶把儿上垫一块毛巾，把水壶拎了下来。埃莉看到了，也要照做。对于一个4岁的孩子来说，这是件非常危险的事，不但可能烫到手，还可能把整壶水碰翻，一旦水泼洒到身上，将会造成大面积的烫伤。科普森决定教埃莉正确的拿水壶的方法，让她知道拿水壶会发生什么危险。科普森把水壶里的水换成了温水，并告诉埃莉，水开时水壶把儿会变得很热，所以要垫上毛巾才能拿；水开时水温很高，不能把水壶碰翻。第一次尝试时，半壶水都倒在了埃莉的身上，由于是温水，所以只烫红了她的手臂。

"你为什么不用两只手呢？"科普森对女儿说，又为她换了一壶温水。

"不，爸爸，水壶里的水太烫了，我再也不拿水壶了。"埃莉胆怯地后退着。

"你一定要再试一试，你有这个能力。"科普森鼓励说，"用我教给你的方法，我相信你一定行的。"

在爸爸的指点和鼓励下，埃莉又试了一次，终于安全地把水壶从煤气灶上取了下来。

科普森的想法是，要给孩子锻炼的机会，孩子的每一次尝试，都会从失败中总结教训，一次次改正，一次次提高。这不仅仅是教孩子学习并掌握某些方面的能力，同时也是教她面对困难时的人生态度。

研究表明，2~3岁是培养孩子独立性的关键期，他事事都想尝试自己做，尝试自己动作的力量和效果，这是一种积极的表现，父母一定要予以鼓励，并引导他学会"自己来做"。

——给孩子一个时间，让他自己去安排。和每个成年人一样，孩子也拥有自己的时间。如果时间的安排完全由成人包办，孩子只是去执行，那么孩子的自主性就永远也培养不出来。

——给孩子一个空间，让他自己往前走。婴幼儿最喜欢生活在母亲的怀抱里，但是他不能永远这样生活。随着孩子慢慢长大，家长应理智地逐渐扩大孩子的生活空间，才能有利于他的健康成长。

——给孩子一个问题，让他自己找答案。每一个孩子都会无休止地提出一个又一个问题，但是如何让他找到问题的答案呢？孩子对我们提出问题，我们通常的做法是立刻告诉他答案。这种做法看起来简单又省事，但这样的孩子成人之后就不会想问题，一切问题的解决都靠别人提供的现成答案。

——给孩子一个条件，让他自己去锻炼。培养孩子用拔苗助长这种违反客观规律的做法，肯定是要失败的，但是消极地完全“顺其自然”，也不利于孩子的成长。遵照客观规律，积极创造条件，让孩子去锻炼，这才是我们应该采取的正确做法。

——给孩子一个困难，让他自己去解决。生活在穷困家庭的孩子，那种恶劣的生存环境为他准备了艰苦锻炼的条件。但是，现在生活水平普遍提高了。在顺境条件下如何成功地教育孩子，便成为当前亟须探讨的难题。有经验的家长多是想办法给孩子设置一些困难，而且不限于生活方面的困难，让孩子去解决，从而培养孩子解决问题的能力和优良品质。

——给孩子一个机遇，让他自己去抓住。人的一生会遇到不少机遇，然而机遇总是偏爱有准备的人。如果自己不善于抓住机遇，纵使你满腹经纶，它也会和你擦肩而过。生活中常常充满着各种各样的机遇，问题是现在的成人总是替孩子去捕捉机遇，这样孩子就永远不会走向成功。所以，家长的任务应该只是提供或指出各种机遇，启发孩子自己去抓住。

——给孩子一个权力，让他自己去决定。孩子的自主性往往表现在他的选择上，但家长由于怕孩子自己选择错了，总是不敢把选择的权力交给孩子。但如果从来不给孩子选择的权力，他也就永远学不会选择，永远没有自主性。

——给孩子一个冲突，让他自己去化解。和成人一样，孩子在一起也难免有矛盾，而这个解决矛盾的过程，正是孩子健康成长、走向成熟的过程。家长应该鼓励孩子去面对矛盾，而不是回避。

——给孩子一个对手，让他自己去竞争。为了让孩子提高适应社会的能力，必须培养孩子从小既要学会合作，又要学会竞争。但是怎样让孩子学会竞争呢?有效的办法就是经常在他的身边树立一个友好的竞争对手。

——给孩子一个选题，让他自己去创造。创造是自主性的最高层次的表现。孩子的创造性也不是自然而然产生的，同样需要成人积极引导和巧妙激发。而缺少引导的方法，孩子的创造性有时反而会变成一种破坏性。

让孩子爱上劳动

现在的孩子，大多数是独生子女，再加上家长的过度关照，劳动习惯欠缺，生活的依赖性相对突出。前苏联教育家乌申斯基说：“教育不仅应当发展人的理智，传授他一定范围的知识，还应该在他身上燃起对认真劳动的渴望，没有这种渴望，他的生活既不可能是可尊敬的，也不可能是幸福的。”可见，培养孩子们爱劳动的习惯很重要。

然而，有关调查资料显示：我国有超过90%的独生子女很少上街购物、在家打扫卫生，超过60%的独生子女从未或很少洗碗、洗衣服和烧饭做菜。中国城市的孩子日平均劳动时间为11.32分钟，不及美国孩子的1/6。

相比较而言，美国父母在培养孩子劳动意识方面做得比中国父母要好。在普通的美国家庭中，每一位成员必须完成他们一定的家务劳动。像洗脸、刷牙、穿衣服这些生活自理方面的事，则属于孩子自己的事情，称不上是家务劳动。

美国父母给孩子分派家务劳动时很注意孩子的接受能力。每一位5岁以上的孩子都可以做上一两件家务活儿：小一点儿的孩子可以取报纸和信件；十几岁的孩子则可以用吸尘器除去灰尘，每天早晨帮着开动洗衣机等。

培养孩子爱劳动是早期幼儿教育的重要组成部分，是孩子全面发展的一种重要手段。让孩子从小就“自己能做的事情自己做”。能增强他们动手做事、克服困难的能力和信心，有助于培养他们的独立意识。随着孩子年龄的增长，还应培养他们为大家做事的良好意识，这样可以促使孩子骨骼、肌肉、神经系统及各部分器官都得到锻炼，同时培养良好的社会公德。所以，要利用幼儿身心发展的重要阶段，对他们进行早期劳动教育，让他们在轻松愉快、多种多样的劳动中获得全面发展。

(1) 孩子不爱劳动的原因

有的孩子懒得铺床叠被，懒得洗袜子、手绢，懒得收拾书包、桌子，甚至懒得洗脸、洗脚，连喝水也懒得自己倒。在学校由于老师的要求孩子们会做一些劳动，但是回到家就变成了另一个样子。造成这种状况的原因：

一是孩子功课负担重。家长看到孩子的学业负担重，功课太多，就不会安排劳动了。这是当前的实情，但是，是否一点儿时间都挤不出来呢？也不是。有些孩子不是“做”作业，而是“磨”作业，20 分钟的作业，40 分钟还“磨”不完。如果改掉磨蹭的毛病，就能安排劳动了。换句话说，如果安排了必须完成的劳动任务，“磨”的毛病也可能改得快些。

二是父母担心孩子做不好。有的家长怕孩子做不好，还不如自己做痛快、省事，于是不安排孩子劳动时间。其实，你越不让干，他越不想干，越不会干。劳动习惯必须有一个培养过程。今天怕麻烦，明天的麻烦会更多。一个懒人，一辈子都是麻烦。

三是害怕孩子吃苦受累。有的家长心疼孩子，怕孩子吃苦受累。特别是隔代长辈更是不愿意孩子劳动，他们认为今天的孩子就是应该享福的一代。情感占了上风，劳动教育被忽视了。据调查，英国小学生的每日劳动时间是 72 分钟，韩国是 42 分钟，法国是 36 分钟，英国是 30 分钟，而中国仅仅是 12 分钟。中国孩子的劳动时间太少了。

(2) 怎样培养孩子爱劳动的习惯

劳动教育的目的在于培养孩子做人的基本品质和基本能力，如果家长忽视了劳动教育，就是忽视了孩子学做人最重要的内容和机会，危害很大。所以，家长在培养孩子爱劳动的问题上，绝不能松手。可以从以下十个方面着手：

一是支持孩子参加劳动。热爱劳动的教育主要通过劳动实践进行，光说不练是不行的。最好每天安排一定量的劳动，一个时期内按孩子的实际情况固定内容，由简单到复杂。如果隔三差五，不利于习惯的培养。小学生每天20~40分钟，中学生30~50分钟为宜，根据功课多少调节。自我服务劳动和家务劳动都应安排，不应光强调"自己的事情自己干"，还要强调"家里的事情主动干"。社区、学校安排的公益劳动，应支持孩子积极参加。双休日、寒暑假安排的劳动量应该稍多一点，最好干些比较复杂的既费体力又费脑力的劳动。

二是灌输劳动光荣的思想。劳动人民用自己辛勤的汗水创造了各种财富，推进了社会进步。我们引导孩子树立劳动光荣的思想，向劳动人民学习，培养吃苦耐劳、勤俭节约、团结互助、乐于奉献的优良品德。为今后踏上工作岗位打下基础。

三是培养孩子的劳动意识。孩子的天性就是爱玩，而游戏就是幼儿在玩中受教育的最容易接受的方法。例如：在"娃娃家"这一角色游戏中，幼儿到娃娃家做客，需要小主人为好朋友们准备许多的东西，然后很快乐地玩上一天，让幼儿在快乐中体验劳动带来的快乐。

四是培养孩子劳动的兴趣。孩子常常喜欢为父母做一些小事，得到表扬后显得异常高兴，家长应加以鼓励，使孩子感到自己做得对，高兴地坚持下去，由无意识的模仿动作变成有意识的自觉行为。孩子还常会一面伸手一面说"我来"，要自己吃饭、洗手、穿衣服……这又是进行爱劳动教育的好机会。家长一定要耐心鼓励和帮助孩子独立做这些事，切莫为图省事而包办代替，使孩子对劳动产生愉快的情绪体验。此外，孩子年龄小，劳动目的性不强，往往把劳动与游戏相混淆，家长可通过游戏来提高孩子对劳动的兴趣。

五是调动孩子的劳动积极性。参与家务可以让孩子感到自己的责任与义务，增加对家庭的归属感，父母多给予鼓励赞美，使孩子从工作中得到成就感、自信心，肯定自己，也培养了责任感及积极的人格。孩子劳动中有良好的表现，家长就应给予他充分的肯定。例如，“你的小手好能干，不但会盖房子，还会把积木排好呀！”这类赞美和鼓励能激发孩子学习的兴趣，调动孩子的积极性，养成他喜欢帮忙、愿意收拾的习惯。

六是教给孩子劳动知识和技能。家长应该把一些相关的知识和技能讲给孩子听，让孩子懂得应该怎么做。比如说：在孩子洗手时，告诉孩子要怎样洗手，洗完后用手巾擦干。除此之外还有叠被子、整理床铺、穿鞋子、穿脱衣服等，都应该细心地通过各种活动进行随机教育。另外，带孩子到植物园，让孩子观察花、草、树、木。然后给孩子选择一些种子，让他亲自种植、浇水、施肥，参加劳动的全过程。

七是为孩子创造劳动条件。对孩子来说，从小参加简单的工农业生产劳动是有益的。我们从小就培训孩子在房前屋后种种黄瓜、青菜、小葱等，在家中做小花篮、小布袋等，这样既可以让孩子掌握一些基础知识和基本技能，又可以让孩子体会劳动与生活的不易，教会他们珍惜劳动成果。

八是让孩子量力而行。要根据孩子的年龄特点，为他们安排力所能及的劳动内容。如让三四岁的孩子学会照料自己，自己吃饭、漱口、洗脸、穿脱衣服等，让五六岁的孩子学做一些简单的家务劳动，如擦桌椅、扫地、洗手帕等，让七八岁的孩子参加一些社会公益劳动，如打扫环境卫生等。孩子劳动的时间不宜过长，一般每次在20分钟以内。

九是帮助孩子提高劳动质量。从劳动教育来看，过去我们过分强调“苦干”，而不重视“巧干”。教育孩子重视生活自理劳动的质量，目的在于从小培养孩子树立质量意识，要常为孩子提供一个能独立完成劳动过程的机会，如果孩子在某一个环节上没有做好，就给他传授必要的知识、技能，进行指导，使劳动质量的提高有了保障。这样增强孩子的劳动信心和兴趣，有助于养成良好的劳动习惯。

十是不把劳动作为惩罚手段。有的家长以劳代罚，以为这样就能吓唬孩子。例如，当孩子吃饭弄得满桌、满地都是饭粒时，妈妈往往气恼地说："下次你再这样，就罚你擦桌子、擦地板。"这样就让不懂事的孩子感到"擦桌子、擦地板"不是什么好事。下次被罚做家务时，孩子就可能对妈妈说："妈妈，你天天做这些事，是不是犯过什么大错?"

克服孩子依赖家庭的习惯

孩子离开父母也能独立生活，也能保障自己的安全，这是父母最希望的。要做到这一点，就要慢慢克服孩子对父母的依赖。

依赖父母，这是由孩子的年龄特点和心理特点决定的。孩子是在父母的怀抱长大的，自然依赖父母。父母是孩子最可靠的安全屏障，最有力量和办法保护自己的孩子免受一切打击和伤害。年幼的孩子，正是在这样的心理安全网的保护下，逐步建立起自信与自卫的能力，最终脱离父母的安全网，成为一个有心理防护能力、有独立性的人。因此，对一个孩子来说，依赖父母是正常的。但是，随着年龄的增长，这种现象应当越来越少，孩子呈现出越来越多的独立性，内心有足够的安全感支持他去探索周围的世界，而非时时被各种恐惧所包围。

然而，有的孩子到了青春期，仍对父母表现出特别强烈的依赖性。心理学家认为，一个人担心会失去自己所爱的人是十分正常的，但如果这种担心是如此之强烈，以致当他与所爱的人不在一起时便会常常为这种担心所困扰，这种担心甚至达到了干扰他正常生活的强度与频繁度，这种情况就是不正常的了。

现在的家庭多数是独生子女，几代人的爱护和关心集于孩子一身。在家里，孩子就是“太阳”，就是“小皇帝”。没有家长一口一口地喂饭，孩子就不肯自己吃饭，没有父母哄着、拍着，孩子就不肯睡觉；就连和小朋友在一起玩耍也要求大人陪着。吃完饭不知道洗碗，上学忘了带学习工具，早晨起床根本想不到叠被子，甚至连刷牙也要父母帮着把牙膏挤好；学习上遇到一点儿困难，第一个想到的是问家长，要求家长帮助解决，而不是独立思考。如果孩子有了这些习惯，就不能不考虑他是否太过于依赖父母了。

有的孩子产生依赖心理，与父母的过度关注有关。一些家长不理解也不习惯于孩子的心理变化，他们仍然把大孩子当做1~2岁的小宝宝看待。一旦孩子跃跃欲试地想要做点什么，父母就在潜意识里开始抵制。这会让孩子更乐得依附父母，以致父母一不在身边，他们就手足无措。

其实，孩子的成长就像竹笋脱掉了层层外衣成为竹子一样，需要一点点地摆脱对父母的依赖。父母要知道怎样在恰当的时候帮助孩子脱去“父母保护层”。如果孩子在两岁左右不能顺利地从依赖期过渡到独立期，久而久之就会形成依赖性人格。如果家长习惯于对孩子一切包办代替，孩子会有严重的依赖性，表现为非常懒惰，不愿动手做事，思维不活跃、“脑子笨”，遇事没主见，没有进取精神。

有的孩子依赖性强，究其根源是懒惰。例如，读小学二年级的男孩千千，习惯赖床。每天早晨，妈妈好几次叫他起床，他总是不情愿地说：“再等会儿。”结果当然是经常迟到，但他却不住抱怨是妈妈没把他喊醒，才害他被老师责备，弄得大家都很生气。

这类事情几乎天天上演，爸爸眼看事情不能再继续这样下去，他告诉儿子：“上学是你自己的事情。从明天开始，自己起床。如果闹钟响了你还赖床，没有人会叫你，一切自己负责！”

千千的爸爸心中有数，孩子只会跟父母撒娇，在老师、同学面前还是很在意自己的形象，怎敢老是迟到。果然，第二天早晨，闹钟一响，儿子就立刻起床，至今五六年过去了，孩子起床上学再也不用父母催了。有时候，父母还在睡觉，他已经骑车上学去了。

对父母过分依赖的孩子，容易事事依赖他人，这不仅让父母疲于照顾，也对他们的成长极为不利。过分依赖父母和他人的孩子表现出许多不成熟的迹象：胆小、怕事；遇事退缩、没有主见；总是要别人帮助，屈从他人；逆来顺受，无反抗精神；进取心差，意志薄弱，害怕困难，在困难面前惊慌失措，经受不住挫折和失败；人际交往能力差，孤僻、自我封闭。

过分依赖父母，会使孩子失去物质和精神生活的独立自主性。他们不能独立思考，缺乏创造的勇气，自我肯定性较差，总是陷入犹疑不决的困境。在生活中，他们需要别人的鼓励和支持，借助别人的扶助和判断。并且好吃懒做，坐享其成，不思进取。

过分依赖父母，会形成一些特有的生活环境，使孩子缺乏社会安全感，总是跟别人保持距离；他们需要别人提供意见，经常受外界的暗示或指使，好像自己没有判断能力；他们潜藏着脆弱，没有机智应变的能力，更不会有创造性。

纠正孩子过分依赖父母的坏习惯，应该从以下几点入手：

(1) 让孩子做力所能及的事情

家庭教育的目的，不是让孩子过上舒适安逸的生活，而是要培养孩子各方面的能力。所以，父母要转变观念，从小就开始培养孩子自主、自立的精神，孩子的日常学习生活起居，能让其自己做的就不要包办代替。美国家庭的做法是：婴儿从一出生就单独睡觉；孩子能够捧奶瓶了，就让他自己捧奶瓶喝奶；让孩子在有围栏的床上自己玩；把孩子放在大便椅上让他自己大便；孩子学步的时候，也是让他自己扶着学步车走路。长大后，一切能够做的事情都自我完成，同时还必须帮助父母干一些家务活；孩子在 7 岁的时候就开始学着自己挣钱，成人以后，就完全独立，自己解决生活问题。

(2) 对孩子的要求和孩子的能力相符合

在培养孩子动手能力的同时要按孩子的年龄、能力的发展程度对孩子提出适当的要求，如果对孩子要求过高、难度过大，会使孩子产生畏难情绪或自卑心理；要求过低又不能激发孩子的兴趣。事实上，在幼儿期间，伴随着孩子生理的发展，他们肢体活动的能力增强，相应地自主性也开始发展，独立性逐渐增强，这时是父母帮助孩子形成良好习惯的适当时期。父母要坚持给孩子提出一些要求让他们自己完成。当孩子看到自己完成了许多事情，他们的自信心和责任感便会增强，从而减少对父母的依赖心理。

（3）改变孩子已形成的依赖心理

父母一旦发现孩子有依赖性，就必须及时给予纠正。首先了解孩子依赖心理的形成原因，以此为基础，使用一定的策略。

一位业绩辉煌的公司老板曾说过：他准备让自己即将毕业的儿子先到别的企业工作，让他在那里锻炼锻炼、吃吃苦头。他不想让儿子一开始就和自己在一起，因为他担心儿子会依赖他，指望他的帮助。这位老板的做法应该受到赞赏，相信他的儿子将来会有所成就，最起码不会比早早就藏到父亲的庇护伞下的人差。家长一定要记住：一个人一旦不再需要别人的援助，自强自立起来，他就算踏上了成功之路。

别让孩子太娇气

在中国的家庭里，特别是在众多的独生子女家庭，父母对孩子多是过分的宠爱和呵护，导致了许多孩子都养成了“骄娇”二气。“骄娇”二气，顾名思义，就是骄傲和娇气。在孩子小的时候虽然可能不觉得有危害，但是当孩子逐渐踏上社会后，往往就会发现事态的严重性，并且那时候想要改掉也是很不容易的。

孩子因其稚嫩，有点儿娇气是可以理解的，在家庭生活中，小女孩、小男孩向大人充满稚气地撒点儿娇、耍点儿赖，不是什么错误，反而让大人享受天伦之乐，增加幸福感。然而凡事都有“度”，孩子一旦娇过了头，养成了过于娇气的毛病，就会影响孩子健康成长。

(1) 娇气孩子的表现

一是生活上娇气。娇气的孩子在吃东西时挑挑拣拣，爱吃的吃个没完，不爱吃的一点儿不动，饭桌上大人颇费口舌；使用文具、物品由着性儿来，喜欢的就用，不喜欢的就扔在一边，磨家长买了这个买那个。

二是劳动上娇气。娇气的孩子一让干活就反感：“又让我干活，我累着呢。”在劳动时无精打采，应付了事；洗衣服怕水凉；打扫卫生、倒垃圾嫌脏；重活干不了，轻活不爱干。

三是学习上娇气。娇气的孩子做一会儿功课就喊累；作业没做好，不怨自己怨家长；考试考不好，怨家长没给复习好；学习时遇到困难，动不动就厌烦，发脾气。

四是荣誉上娇气。娇气的孩子经不起批评、表扬。一受批评就委屈，情绪低落，流眼泪，有时跟家长强辞夺理；受点表扬，沾沾自喜，甚至得意忘形。

（2）父母怎样治“娇”

矫治孩子身上的“娇气”，既要抓紧时间，又要坚持不懈，痛下决心，切不可听之任之。

一是狠心治“娇”。为了治娇有好效果，并且不至于半途而废，家长必须下狠心，关键时候不能心软。孩子过于娇气，主要是大人过于疼爱、娇惯造成的。要想给孩子治娇，父母先要统一认识，认清娇惯孩子将带来恶果。有的家长以“孩子还小”作为娇惯孩子的借口，这没有好处。一般来说，小学中年级以后，就应把娇气克服掉，大了就不容易了。

二是劳动治娇。劳动是治娇的好方法。在给孩子讲清道理之后，安排难度稍大一点儿的劳动任务，鼓励孩子坚持干好。开始，最好家长跟孩子一块做，随时指导。比如家庭大扫除，学习擀饺子皮，每天擦地板，刷洗卫生间等。关键是持之以恒，孩子劳动时，多肯定、多指导。寒暑假，可以安排更多的劳动任务。

三是锻炼治娇。娇气的孩子最怕跑步、爬山。家长跟孩子订个协议，每周一起跑步，不少于三次，距离远近依孩子年龄和身体情况而定。开始 1000 米，跑几次后提高速度，以后逐渐延长距离。利用双休日去爬山或者徒步远行也是好办法。跑步、爬山既能开阔视野，又能锻炼身体，磨炼意志。

四是指导孩子定时完成学习任务。比如，原来能专心学习 30 分钟，现在就定 40 分钟，而且明确学习质量要求。上好闹钟，抓紧分分秒秒，让孩子看到效果，及时鼓励。如果孩子做不到，家长可以一起来，读书，画重点，记笔记，互相竞赛，互相监督。家长的表现要认认真真，不能做样子。

五是寻求老师协助。娇气的孩子，往往在学校表现得最明显。父母可先与老师沟通，请老师给孩子安排一些经常性的任务，并给以表扬、批评。表扬、批评之后，家长及时跟孩子一起分析为什么受表扬、受批评，应怎样正确对待。几次之后，孩子就能经得起表扬和批评了，而且学会调控自己情绪。还可以建议老师与孩子谈谈娇气问题，并在评语中写出"如能克服娇气，会取得更大进步"一类的话，调动孩子自己治娇的积极性。

第五章 做“狠心”父母，才是真正的大爱

- 再富不能富孩子
- 送财不如教孩子理财
- 给孩子彻底“断奶”
- 不给孩子懒惰的机会
- 让孩子做自己的主人
- 孩子的事，让孩子自己去办
- 孩子的命运让他们自己去选择
- 孩子的生活让他们自己去打理
- 孩子的事情让他们自己去管理

再富不能富孩子

我们都熟悉“再穷不能穷孩子”的名言，却未必肯接受“再富不能富孩子”的忠告！这说明，不能富养孩子的家教经验，并未为许多家长所认同。

随着每一个家庭的收入越来越多，加上独生子女越来越多，“一切为了孩子”的口头禅不仅体现在嘴上，更体现在行动中。且不说饭来张口、食不厌精、衣来伸手、穿不厌新，只说如今的孩子使用的学习用品越来越高档，就让人瞠目结舌。例如，40 元一盒的套装活动铅笔备受青睐，50 元一只的文具盒尚属平常，200 元一只的小书包不足为奇，300 元一套的丛书也屡见不鲜。在商场里的文化用品专柜内，价格高的并不滞销，便宜货倒没有人问津，让孩子享受高档化产品早已成为“时尚”。

愿意为孩子不在乎多花钱的家长，也似乎有自己的道理。他们认为，现在生活水平提高了，绝不能再让孩子像自己小时候那样“吃苦”，别的孩子有的，自己的孩子也得有。殊不知，这样做非但不是爱孩子，从长远角度看，反而害了孩子。在孩子人格形成的雏形期，适当设置一些障碍，让他们受些挫折，少花些钱，多动动手，逐步增强自力更生的意识，才是对孩子的真爱，是给予孩子终生受用不尽的精神财富。只有让孩子适当遭受挫折感，教育孩子艰苦奋斗，才能让孩子感受到生活的艰难不易，从而珍惜父母劳动成果，激发他们吃苦耐劳和积极进取的精神，这对于孩子的健康成长至关重要。

洛克菲勒非常注重节俭，他对孩子零用钱卡得很紧。他规定，孩子七八岁时每周30美分，十一二岁每周1美元，十二岁以上每周2美元，每周发放一次。他还发给孩子每人一个账本，让他们记清每笔钱支出的用途，领钱时交给他审查。如果账钱清楚，用途得当，下周递增5美分，否则就递减。他还鼓励孩子做家务并给予奖励，如逮一百只苍蝇奖10美分，抓一只耗子奖5美分等，并对拔草、擦皮鞋都明确提出奖励额度，培养孩子的节俭习惯。

与洛克菲勒一样，美国许多百万富翁的儿子常在校园里拾垃圾，把草坪和人行道上的破纸、冷饮罐收集起来，学校便给他们一些报酬。这样的目的是培养孩子自力更生、勤俭节约的习惯。美国著名喜剧演员戴维·布瑞纳中学毕业时，父亲送给他一枚硬币作为礼物，并嘱咐他："用这枚硬币买一张报纸，一字不漏地读一遍，然后翻到广告栏，自己找一份工作，到世界上闯一闯。"后来取得很大成功的戴维在回首往事时，认为那枚硬币是父亲送他最好的礼物。

然而，中国家长对子女的宠爱令世界惊讶。因为崇尚"再穷不能穷孩子"的"信条"，许多中国家长一直在为子女办着力所不能及的事情。要操心孩子入园、读书、考试、升学、就业、买房、结婚、生子，典型的畸形培养模式。这样的链条不能有一节断裂，不然的话，孩子便会无所适从。

父母要做孩子的榜样，要精心创造适合孩子成长的环境，花钱要精打细算，不能大手大脚，动不动就摆阔，更不能随意满足孩子的物质欲望。物质的富裕不仅不能使孩子的潜能得到开发，还可能滋长孩子贪图享乐，以自我为中心等坏习气，有害于孩子的健康成长。要让孩子关注家庭生活，和父母一起承担家庭责任，孩子就会知道怎样对待钱，做事有分寸，使孩子在生活中不断汲取营养，健康成长。对此，家长要做的有两点：

一是重视培养孩子的社会责任感。一个孩子将来有没有出息或出息的大小，与孩子富不富没有必然的联系，但与他对国家、对社会、对他人有没有责任，却有着必然的联系。因此，富裕起来的家庭，父母一定要从小培养孩子的社会责任感。这种培养，既需要父母的言教，更需要父母用自己勇于担当的社会责任感为孩子作榜样。有了社会责任感，孩子就会勇于担当，在自己的人生旅途上，克服困难，积极进取，奋发努力，在为国家、为社会、为他人作出贡献的同时，实现自己的人生价值。

二是重视培养孩子的爱心。父母一定要重视培养孩子的爱心。培养的过程，除了言教，比如鼓励孩子关心别人、乐于助人，还要父母用自己为国家、为社会、为他人的爱心行动去影响孩子。在这方面，比尔·盖茨公开宣布，将把自己580亿美元的财产全部捐赠给名下的慈善基金会，而不会留给自己的子女一分一毫，这是培养孩子爱心的行为。

送财不如教孩子理财

压岁钱是中华民族重礼仪、重情谊的典型载体。春节，在喜庆的氛围里，小辈们给长辈们行磕头礼，表示对长辈的敬重与祝福，长辈们则发给小辈们或多或少的压岁钱，表示对小辈们的关心和爱护。压岁钱的施与取，既表达了共度佳节、喜庆热闹的意思，也体现了“父慈子孝”的传统伦理，是对家族血缘关系的确认和对传统伦理的强调。

压岁钱带来的典型“后遗症”就是造成家长们的心理负担：如果把压岁钱交给孩子，会担心他们还没有自控能力，胡乱花掉，由家长保管又担心孩子不乐意。

目前，大部分孩子欠缺理财意识。有的学生收到了上千元压岁钱，没几天就花光了。每逢春节，孩子们用“压岁钱”买手机、做头发、购彩票、打游戏、请客吃饭已成时尚。

理财已经成为当今社会人们生存的一项基本技能，但是现行的教育体系却没能给理财教育以充分的空间。社会的发展要求人们必须面对现实，而生存技能培养是教育的重要内容之一。社会这部大机器在运转的过程中，离不开“金钱”这个润滑剂，而理财教育的要义就是教授孩子对金钱的支配能力。

一个不容忽视的现实是：中国孩子的理财能力远远落后于欧美国家。在美国，多数3岁的孩子就能辨认硬币和纸币，而一个8岁的孩子就知道可以通过做额外工作赚钱，知道把钱存在储蓄账户里；9 岁的孩子就已经能够制订简单的一周开销计划，购物时知道比较价格。这些对于中国的同龄儿童来讲，几乎是不可想象的。家长包办一切对于孩子的生存将产生深远的不利影响，而他们幼时欠缺的理财教育，也终究会在社会教育中补上。

只有从小培养孩子的理财意识，通过教育不断提升其理财能力，孩子的生活才会越来越好。要一个理财意识缺乏、理财能力欠缺的青年群体，去创造并迅速积聚起大笔的财富几乎是不可能的。

（1）理财教育的误区

一项对 2000 余名未成年犯和 1000 余名普通未成年人的调查显示，未成年犯的零花钱明显高于普通未成年人。调查表明，在所有犯罪类型中，因为抢劫、盗窃等与“钱”有关的罪名而入狱的孩子占到全部未成年犯的 70% 以上。未成年人为钱走上犯罪道路，反映出对孩子的理财教育存在四大弊端：

一是没有让孩子知道经济状况。许多家长未曾透露给孩子家庭经济状况的真实信息，富裕家庭没告诉过孩子创业的艰辛，经济拮据的家庭则耻于跟孩子谈钱。孩子没有丝毫家里缺钱的危机感，更不懂得什么是节俭。

二是金钱教育的扭曲。“有钱能使鬼推磨”“有钱就有一切”。社会上对拜金主义的过度渲染，使未成年人潜移默化地接受到扭曲的金钱教育。

三是消费指导欠缺。如何理性消费，如何应对商家的推销和炒作，如果看待各种打折促销现象……这些消费观念没有及时告诉孩子，使孩子产生误解。

四是孩子的欲望得不到调节。未成年人与成年人一样，也有消费需求，也有对金钱的欲望。但获取金钱的欲望没有得到合理调节，使孩子产生畸形金钱观。

（2）如何实施理财教育

没有受过理财教育的孩子，很多只知道花钱，缺乏正确的消费观念和创造财富的能力。如果说学校生活是社会生活的前奏和预演，在这个时代，理财教育不应该再是一个空白。

首先，要培养孩子的“财商”。财商是指一个人在财务方面的智力，是理财的智慧。它包括两方面的能力：一是正确认识金钱及金钱规律的能力；二是正确应用金钱及金钱规律的能力。财商是与智商、情商并列的现代社会能力三大不可或缺的素质。可以这样理解，智商反映人作为一般生物的生存能力；情商反映人作为社会生物的生存能力；而财商则是人作为经济人在经济社会中的生存能力。

犹太人能够成为最富有的民族，就是因为他们有极其丰富的财商。犹太人认为：学者、哲学家的智慧或许也可以称作智慧，但不是真正的智慧；在金钱的狂态面前俯首帖耳的智慧，是不可能比金钱重要的。相反，富人没有学者之类的智慧，但他却能驾驭金钱，有聚敛金钱的智慧，有通过金钱去役使学者智慧的智慧，这才是真正的智慧。有了这种智慧，没钱可以变成有钱，没有智慧可以变成有智慧，这样的智慧不是比金钱、比“智慧”更重要吗？

其次，要变“给钱”为“赚钱”。在中国，孩子从来都是伸手向父母要钱，几乎不用付出任何代价，而父母大都无条件接受并乐意为之，以至于有些孩子长大成人走上了工作岗位，还习惯伸手向父母要钱买房、买车、娶媳妇，甚至抚养第三代。要钱的理所当然，给钱的亦理所当然。

英国一向主张能省的钱不省很愚蠢，提倡理性消费，鼓励精打细算。大多数银行都为 16 岁以下的孩子开设了特别账户，有 1/3 的英国儿童将他们的零用钱和打工收入存入银行和储蓄借贷的金融机构。

日本则主张自力更生、勤俭持家。反映在儿童理财教育方面表现为：重视家庭教育，主张孩子自力更生，不随便向别人借钱，还主张让孩子管理自己的零用钱。让孩子学会赚钱、花钱、存钱、与人分享钱财、借钱和让钱增值为主要内容的理财教育，已经融入到少年儿童的整个教育中，使孩子生活在具有强烈理财意识的环境中，逐渐形成了善于理财的品质和能力，这也为日本培养、造就大批的优秀经济管理人才提供了雄厚的人力资源基础。

外国家长的理财教育，值得我们学习借鉴。

再次，就是让孩子参与家庭理财活动。让孩子参与家庭的"经济管理"，会增强孩子对家庭的责任感。让孩子知道，父母每月挣的钱，有多少要用于日常开支，多少要用于临时性事务，还剩下多少要留下备用。孩子们懂得了这些，会自觉地为家庭理财出主意，想办法，再加上正确引导，就会使孩子走出高消费的误区。

一是要利用压岁钱进行理财教育。压岁钱体现了长辈和晚辈之间的情感沟通，家长和孩子在使用压岁钱时应该做到互动，既不要抱着怎么花都无所谓的态度，也不要"一切归公"使孩子无权支配，孩子应该在家长指导下，合理支配压岁钱，正确理财，并学着做人。

二是杜绝不良消费习惯。孩子的自控能力比较差，互相攀比的心理又比较强，可能会用压岁钱乱买东西，或者用来打游戏、泡网吧等。这样不但挥霍了钱财，而且沾染了不良的习气，给孩子的健康成长带来负面影响。家长们应给孩子讲一些"压岁言"，让孩子明白每一分钱都来之不易，长辈们之所以给他们压岁钱，是希望他们能够健康成长。

三是帮助孩子建立储蓄账户。家长可以帮助孩子建立储蓄账户，让孩子自己对账户存折负责。孩子手头没有大量的现金，就不会因为一时的好奇而乱花钱。孩子的心里总是喜欢账户上的钱越来越多，他就会在潜移默化中培养不乱花钱的习惯。孩子可以提取账户里的钱购买物品，但家长要预先设立上限，花钱使用量不能突破上限。父母还应该提醒孩子，作为家庭成员他应该尽的一些义务，比如给父母赠送生日礼物等。孩子认识到压岁钱的多种用途，他就会有意识地节约用钱。

四是教孩子学会记账。家长可以带孩子一起选购物品，教孩子学会挑选价廉物美的商品，学会正确对待广告，理性消费。给孩子提供一本账本，教孩子怎么记账，定期检查账本，帮孩子分析消费项目是否合理。

五是不忘加以鼓励。例如，家长可以和孩子约定，如果他在理财方面做得很好，可以实现他的某个愿望，譬如带他去旅行，或者赠送他某件渴望已久的物品。

给孩子彻底“断奶”

上海市青少年发展咨询中心2011年的一项调查表明，中小学生心理障碍的检出率为15.43%。他们在心理方面存在的问题，突出表现在自身心理素质低，如自卑、依赖、孤独、抗挫折力弱、缺乏创造性等。调查中还发现，各种心理障碍中神经症状的比例最大，占42.86%。有些学生因失去了完满幸福的家庭、失去了身体健康、失去了做人的尊严等，容易产生心理障碍，严重的会造成心理疾病，在心理康复的临床观察中概括为“心理断奶期”。

在生理上，父母亲都知道有一个时期叫做断奶期，在这个时期父母逐渐给孩子增加固体食物。而在心理上，你是否知道孩子也要经过一个心理断奶期呢？

“心理断奶”是指孩子存在心理上逐步与父母及其他成人割断依赖关系，并逐步走向自立的阶段。这一阶段关系到孩子能否健康步入成年期。心理学家研究发现，处于心理断奶期的孩子，感情波动最大，他们向往独立而又难以自立，常自以为已经长大成人而不再对父母言听计从，但在行动上却常表现得幼稚和偏激，一遇到困难、挫折，往往会气馁、苦闷、彷徨，长此以往，性格容易变得孤僻、脆弱。

良好的心理断奶可以促进孩子从不成熟走向成熟。此时，父母的言行和生活习惯对子女起着潜移默化的作用。如果漠然视之，将不利于这一代人今后的独立成长。因此，如何让孩子快乐、健康地度过心理断奶期对他们来说就显得尤为重要。

（1）家长首先要“心理断奶”

“王老师，你帮我去看看琦琦吧！我找不到她了！”中学女生吴琦的妈妈打来的电话，让班主任王老师一阵紧张。原来，吴琦从小学到中学，每天上学都是妈妈接送。上中学后，母女俩还约定，每天都要通一次电话。那天，电话断了，妈妈顿时没了上班的心思，怕女儿出事。接到电话的王老师一路找到教室，发现吴琦正在上课，只是手机没电了。接到王老师的电话，吴琦妈妈那颗悬着的心总算放下了。

都说孩子离家有个心理断奶期，其实家长也有心理断奶期，在孩子长大离开家后，有一个心理调适的过程。首先，家长要安排好自己的工作与生活，把原先花在孩子身上的时间用其他活动来填补，自己忙了自然就不会总记挂着孩子。其次，家长关心孩子，应抓住关键的时间点，比如刚入学时、考试前、就业时等，尤其是孩子遇到问题主动与家长交流的时候，家长要认真对待，和孩子作坦诚深入的交流。同时，家长也要学会放手，要相信他们能处理好生活中的问题。

（2）消除孩子的“被抛弃感”

陈女士的孩子今年4岁，由于工作繁忙，照看宝宝的任务全由外婆担当，不管在家或是出门，宝宝总由外婆抱着或跟着，外婆是宝宝的“贴身随从”。宝宝很黏人，离开一会儿就又哭又闹，进幼儿园肯定不能适应。为此，她非常担心。

幼儿对家长的依赖性较强，害怕陌生的事物。对此，家长也要多些耐心的劝说，给他讲一些幼儿园集体生活的好处，比如会交到很多好朋友、会有好玩的游戏、“老师会很喜欢你”等鼓励的话语，使其对幼儿园生活产生向往并喜欢上幼儿园。

一些幼儿第一次离开家长投入一个陌生环境，会害怕父母是不是不要他了，会有被抛弃的想法，故而伤心哭闹。家长应多加耐心劝说和沟通，给足孩子心理上的安慰。同时，与幼儿园多接触，让孩子熟悉环境和老师，加深孩子的好感。

（3）孩子从幼儿园到小学后的心理调适

幼儿园到小学的过渡不仅是对孩子的考验，更是对家长的考验。家长此时要调适好自己和孩子的心理，特别要注意自己的言行，不要打击孩子上学的热情和自信心。

有的孩子对陌生环境会有畏惧心理，家长可以在开学前带孩子先到校园里四处转转，让孩子对上学产生美好的期待。对调皮的孩子，家长在入学前常常吓唬道："你在家不听话，我们管不了你了，到了学校让老师好好管你。"这么说会让孩子对学校和老师产生抗拒。

有的孩子没有养成完成作业的习惯，甚至坐不住。可以在下午四五点时陪孩子画画、看书。有的孩子是择校上小学的，学校里没有熟悉的同伴，可能会觉得很孤单。刚开学那几天，家长应该鼓励孩子主动结交新朋友，帮助他慢慢记住同班同学。

不给孩子懒惰的机会

教育家苏霍姆林斯基说：“在我们的时代，物质福利不断涌进童年、少年、青年的生活，以致出现这样一种危险：儿童和少年可能失去了这些物质福利是由劳动创造出来的观念，甚至不知道它们是从哪儿来的。现在的一个非常复杂的教育学和社会学的问题就是要在儿童、少年、青年身上培养对待物质福利的态度。这个问题也是我们当代的中小学生要面临的一个问题。集中体现在懒惰的问题上。”

其实，劳动不仅给人带来了物质上的享受，也会带来精神上的富足，带来快乐和幸福，让我们充分享受生活的甜蜜。所以，我们家长要从小培养孩子爱劳动的习惯，克服孩子懒惰的习性。

有这样一个故事：一个人死后，在去阎罗殿的路上，遇见一座金碧辉煌的宫殿。宫殿的主人请他留下来居住。

这个人说：“我只想吃，只想睡，讨厌工作。”

宫殿的主人答道：“若是这样，那么世界上再也没有比我这里更适合你居住的了。我这里有山珍海味，你想吃什么就吃什么，不会有人来阻止你；我这里有舒服的床铺，你想睡多久就睡多久，不会有人来打扰你；而且，我保证没有任何事情需要你做。”

这个人惊喜万分，于是就住了下来。

开始一段日子，这个人吃了睡，睡了吃，感到非常快乐。渐渐地，他觉得有点儿寂寞和空虚，于是他就去见宫殿主人，抱怨道："这种每天吃吃睡睡的日子过久了，也没有意思。我现在是脑满肠肥了，对这种生活已经提不起一点儿兴趣了。你能否为我找一份工作？"

宫殿的主人答道："对不起，我们这里从来就不曾有过工作。"

又过了几个月，这个人实在忍不住了，又去见宫殿的主人："这种日子我实在受不了了，如果你不给我工作，我宁愿去下地狱，也不要再住在这里了。"

宫殿的主人轻蔑地说："你以为这里是天堂吗？这里本来就是地狱啊！"

阎罗王之所以用地狱来惩罚人，是因为这里光享受，不工作。乍一想，光享受还不好吗？其实不然，爱劳动是人的天性，是赖以生存和进化的基础，人一旦离开了劳动，就会因沉闷和厌倦而精神崩溃。

作为正在读书的孩子，勤劳永远是成才的钥匙，永远是成才的第一推动力。具备了勤劳这种可贵的品质，就等于拥有了成功的一半。所以，做父母的一定要纠正孩子身上懒惰的恶习，培养孩子勤劳的美德。

（1）孩子懒惰的表现

孩子不愿做家务，爱找借口，主要表现在两个方面：

一是自己能做的事不做。有些懒惰的孩子明明是自己能做的事，却找各种各样的理由不去做。他们最大的理由就是那不是属于自己的事情。这样的事情有一些是与己无关的事，他们就不会去做。比如，为花园里的小树、小花松土施肥。另一种是虽然是自己能做的事，也与自己有关，可是他们却指望父母来做，所以也懒得动手。

二是大事不会做，小事不愿做。有很多孩子存在这样一种心理，总以为自己还小，太大的事情做不来，太小的事情又觉得没必要做，况且觉得那些小事有父母做就可以了，因为一向都是他们做。比如，很多孩子就认为做饭是一件复杂的事，他们也做不来，同时又认为像洗袜子这样的小事，本来一直是妈妈在做，自己就没有必要多此一举了。

(2) 过于懒惰的危害

一个懒惰的人，不可能实现自己的理想。因为懒惰的人是难以把理想付诸行动的。而且，一个人如果养成了懒惰的习惯，还会给他的成长带来不可忽略的其他问题，这些问题的存在，让一个人的成功只能是梦想。

一是自理能力差。不妨设想一下，如果一个连袜子都不会洗的人，会有多强的生存能力？一个连生存都成问题的人又有多少独立的能力面对成功所必须要经受的曲折与磨难呢？

二是懈怠人的意志。过于懒惰，不利于锻炼顽强的意志以提高心理素质。凡是孩子自己能做的事情都自己做，这样就可以培养孩子的独立精神，减少依赖性。

三是疏远亲子感情。过于懒惰不利于培养与父母融洽的感情。只有参加过劳动的人才会懂得父母的辛劳，知道父母养育自己不容易。而一个懒惰的孩子不可能体会到这一点，反而会认为父母为自己所做的一切都是理所当然的。他们会以为，他们生来就是享受的，父母伺候他是应该的，稍不满意便大发脾气。

(3) 怎样解决孩子的懒惰问题

为了培养孩子身上勤劳努力的品质，克服懒惰的习惯，家长可以采取以下方法：

一是激发孩子内心的需求。每个人都有自己的内心需求，而需求能不能转化为明确的目标，这要看自己的行动，因为目标可以指引我们的行动和选择。孩子有懒惰或拖拉行为，同样是没有明确的目标，没有明确自己究竟要什么。所以，让孩子克服懒惰的行为，就是要激发孩子内心的需求，明确自己的目标，让孩子立即行动起来。

二是对孩子的努力给予关注和肯定。父母要抓住适当时机，通过言辞，承认孩子的努力、耐力和勤劳。其范围可从一句简单的“我喜欢你努力”到对他们的预习、承诺和忍耐力做出详尽的评论。父母也可在孩子完成了一项任务后加以肯定和主动赞扬。

三是指出勤劳努力是孩子获得成果的因素。尊重为学习而拼搏的孩子，意味着对“勤劳”这一品质的评价高于成绩本身。崇尚勤劳品质的家庭，会分别考虑每个孩子的优点，而不是将他们相互比较，当然也不会根据成绩去比较他们。每个孩子能力各异，最重要的是使每个孩子都取得进步，这些进步就要依靠每个孩子自身的努力。这也就意味着父母应当对成绩报告单上的分数所隐含的努力予以更多的注意，并且承担起培养和支持孩子做事时所需的坚忍品质的职责。

四是克服孩子拖沓的习惯。拖沓是所有成功的主要破坏者。告诉孩子，设定最令人兴奋的目标并写下最完美的时间表固然很好，但如果不能付诸行动，那么就是失败了。为了克服这种拖沓的习惯，必须学会怎样控制它，而不是让它控制你。

五是把快乐和勤劳连在一起。促成所有行为的力量都来自于痛苦和快乐。人的行为总是让人远离那些自认为很痛苦的事情，而靠近那些自己觉得很快乐的事情。孩子为什么迟迟不做应该做的事情，直到最后一分钟呢？这是因为他们把现在就开始做这件事情跟痛苦联系在了一起，却把快乐跟其他的事情联系在了一起。所以，父母要创造条件，让孩子感到做成一件事是快乐的事。

让孩子做自己的主人

一天饭后，王老师请孩子们到他那里去拿水果，孩子们懂事地排好队伍，依次拿水果。第一个来拿水果的孩子伸出手，摸摸这个，又拿拿那个，最后，他拿起一个自认为比较“完美”的水果。看着他的表现，王老师有点儿生气，因为这样做很不卫生，于是王老师提醒还在排队的其他孩子：“不许挑，不许拣，拿好一个就走。”可是，王老师发现还是有个别孩子在东瞅西瞧。

吃水果的时候，王老师无意中听到几个孩子在阳台上小声地议论着，一个孩子说：“我这块是老师给的。”眼里似乎有着失望和无奈。一个孩子自豪地说：“我这块是自己拿的，比你们的都大。”另一个孩子满脸笑容地说：“我这块苹果是没有籽的。”还有一个接上去说：“如果让我们自己拿，我也会拿块自己喜欢的。”

听了他们的话，王老师为之一震，没想到孩子们会有这么多的想法。为什么大人去买菜时东挑西拣，去买衣服时东摸西看，孩子就不能这样呢？他们应该有选择的权力，也应该有自己的表达方式。

让孩子做自己的主人，就是要培养孩子自己做决策的能力，而不是培养处处“听话”、没有头脑的“机器人”。我们知道，机器人聪明、能干、可爱，然而却被人类紧紧地控制在手里。因此，再聪明的机器人也只是被动、听话、没有主见地去从事人类为它安排的一切。

然而，许多家长在教育孩子时，却把孩子当作机器人来培养，让他们听话、服从，乖乖地按自己的想法去做。这种教育方式培养的孩子必定失去个性，没有自己的见解，没有创造力，最后沦为老实无能的平庸之辈。

我们常说："要做自己的主人。"成大事者都是真正做自己的主人，走自己道路的人。培养孩子，也必须让他们成为自己的主人。

（1）鼓励孩子自己拿主意

有一个10岁的孩子，已经同意晚上去陪一个朋友，但突然又接到当天晚上去参加一个同学的生日宴会邀请，而那个朋友却没有收到邀请。这个孩子便问妈妈："我该怎么办？"这位母亲没有说出自己的想法，而是引导孩子去思考每一个决定可能带来的后果，帮助孩子自己做出最好的选择。妈妈说："如果你去参加同学的生日会，你觉得可能会发生什么呢？如果你告诉朋友你要去参加同学的生日会，又将会发生什么呢？你不妨列出每一个你做出的选择可能带来的好处和坏处。"

这样，孩子就会思考各种可能，做出趋利避害的选择。孩子自己拿主意的次数越多，将来处理复杂情况的能力就越强。

（2）尊重孩子自己选择的权力

一天，公园里有一位妈妈拿着一件风衣与4岁的小女儿在说话，样子着急又认真。原来，这件衣服一面是绿的，一面是红的，母亲非让孩子自己确定是红的朝外还是绿的朝外，她认为这是孩子自己的事，不替女儿做主。后来，这位小女孩决定红的，穿上后，两人快乐地走了，妈妈似乎比女儿还快乐。

在家庭教育中，要想达到一种充满民主气氛的家庭教育，就要求家长要尊重子女"选择"的权力。

在家庭中，子女与父母当然会有不少分歧，尤其稍大一点儿的孩子与父母的分歧会更多。有生活方面的（晚饭吃什么菜，今天穿什么衣服，房间怎么布置等)，有学习方面的（学习时间的安排，学习计划的制定，学习方法的采用等），还有思想认识方面的（对某种社会现象的不同评价，对某部电视剧的不同看法等)，面对孩子的不同见解，家长们应该高兴而不应愠怒，家长明智的做法是与孩子一起商量，在亲切的交谈中探讨、比较各种方案或观点的优劣，从而引导孩子做出正确的选择。

（3）让孩子做自己想做的事

林林读初三了，学业相当紧张，课余时间几乎全部用在功课上。但因为喜欢唱歌，他总想看看电视里的歌舞晚会，而MTV更让他沉醉。

对此，林林也有烦恼。父母在家时他从来就不敢坐在电视机前，免得挨妈妈的骂，或招来爸爸的拳头。实际上，林林很有歌唱天赋，音乐老师也选他参加校合唱团。但是，只要他在家里一哼歌曲，妈妈就会大嚷："你乱叫什么？像乌鸦一样，难听死了！赶快做作业、看书去！"每次听到妈妈这样大嚷，林林便会觉得如冷水浇顶，全身透凉。

有一回，林林在家里做作业时又情不自禁地哼起歌来。妈妈听见了，冲进卧室，"啪"的一声，狠狠地给了他一记耳光，并且不由分说地把林林存了好些年的两本最喜欢的歌本夺过去撕成碎片。

妈妈的做法彻底伤了林林的心，从此他在家里沉默寡言，很少再唱歌了。

孩子生来就是自主自动的，他们会独立自主地做自己想做的事情，讨厌别人的干涉。孩子在独立地做自己想做的事情时，会体验到各种情感，这种体验反过来影响着他们做事情的欲望和兴趣。由于他们的努力，事情成功了，他们的心情和别人帮助或者强迫下的成功是不相同的。这种成功的喜悦对孩子来说是巨大的，会激起孩子争取更大成功的欲望。即使有可能会遭遇失败，但这种失败的情感体验也会让孩子产生继续努力以获取成功的动力，完全不同于父母强迫或禁止所造成的失败体验，后者只能招来孩子的怨恨，对孩子的健康成长没有益处。

所以，做父母的不要强迫孩子做他们不愿做的事情，只要是合理的事，就让他们做好。如果孩子不知道做些什么事情时，父母不要总是说："快，赶紧去学习！"而是要说："想想看，你最希望做些什么？""如果你愿意，你就去做吧，只要记得把功课完成就好！"这样的孩子往往比较自信，懂得自我安排事情。

（4）让孩子学会自己解决问题

菡菡10个月大时，对穿鞋发生了浓厚的兴趣。鞋子成了她那一阶段爱不释手的玩具。穿、套、脱是她这一游戏内容的三部曲。由于孩子自身的生理发展决定她的动作不那么协调，在不断的"操作"中常常失败。

其实，菡菡非常渴望成功。而当时，她只会用啼哭来求助于妈妈。妈妈有些心疼和着急，但妈妈也意识到，这是一个锻炼孩子的机会。妈妈的做法是：在语言提示和动作的配合下，帮助她穿上一只，而另一只一定交给她自己完成。

当然，在菡菡成功后，妈妈也不忘夸张地表扬一番。在不断的锻炼下，菡菡穿鞋的动作越来越熟练。从入幼儿园起，她就是一个独立的好孩子，会自己穿脱衣服、穿鞋子，还能独立用小勺进餐。

（5）不要过分干涉孩子

过分干涉的教育方式，就是家长为孩子画框框、定调调，限制孩子的言行，使孩子言行符和父母的意愿。这极大限制了孩子的创新思维。

对小孩子趴在地上玩，有的父母总是说："干吗趴在地上，衣服都弄脏了，快起来看书。"有的孩子早一点儿从家去上学，家长会说："大冷天的，走那么早干什么？再等一会儿走也来得及。"有的孩子放学回家看电视，家长会说："一回家就看电视，哪有这么大的瘾？把作业做完再说。"有的孩子与同学交往，家长都要进行限制，只容许孩子与某个同学来往，不容许孩子与家长自认为不好的同学来往。有的家长连孩子的发型都要严加限制，至于孩子的穿戴，更是横加干涉。

这种过分干涉的教育方式，必然给孩子带来负面的影响。由于父母对孩子过度限制，总是这也不行，那也不行，使孩子无所适从，结果使孩子变得谨小慎微，人云亦云，缺乏独立思考能力。也限制了孩子思维灵活性的发展，妨碍孩子创新意识的发展。在学习中，当孩子遇到困难，做没有见过的习题时，常常束手无策，不知从何下手。正确的做法是，孩子想做什么，怎么做，都由着孩子自己的兴趣和想法，只要不是原则性问题，家长大可不必费口舌。

孩子的事，让孩子自己去办

所谓自己的活儿自己干，就是做自己应该做的事，不麻烦别人，不给别人添麻烦。有人认为，把自己的活儿交给别人做，自己就可以减轻负担，就可以轻轻松松，是一种占便宜的行为，何乐而不为？这个观点未必正确。

一位从国外旅行回来的人，说起他在异国曾经看到的一幕：一次，他登上加勒比海的豪华游轮，看见乘客们人人都背着旅行袋，兴高采烈，在阳光的照耀下，显得健康而有朝气。在这群游客中，有一家人引起了人们的注意。这是一对夫妇，带着 4 个孩子，孩子都是中学生，其中一个小女孩是个跛子，而且跛得很厉害，人们不禁多看她一眼。但是，让人注意的不是她的跛，而是她背着一个大背包，里面都是她的旅行用品。当然，如果这个女孩一个人旅行，背这么大的背包也不会引起人们太多的注意。但是，她身边的兄弟姐妹一个个都比她强壮高大，他们轻松地背着自己的背包，很坦然地跟在父母后面上船，她旁边的父母也丝毫没有照顾自己女儿的意思……

这位归来的旅客总结说，这样的事情是根本不可能发生在中国人身上的。因为在中国的父母看来，关心和帮助子女是天经地义的事情，更何况这个子女还是个残疾人呢？有一个人这样回忆他的母亲：在我的记忆中，母亲总是手里拉着我，背上背着妹妹，肩上再挑着 100 多斤重的担子翻山越岭。这样年复一年，直到我们长大。我们长大后，可以干活了，但逢有重担，母亲总是叫我们放下，让她来挑。想想我们自己的母亲，看看周围的母亲，她们哪个不是这样过来的？

上海市家庭教育指导部门做过一项小学生品德、聪慧、勇敢三项素质的现状调查，结果显示，在小学一至五年级1270名学生中，选择“坚持自己洗脸、穿衣、盛饭”的占55%，而“自己有时干，有时不干或根本不干”的占45%。

现在的孩子真的变懒了吗？一位女学生不加遮掩地说道：“日常生活中，像自己的衣服自己洗这种本来并无异议的事，现在已经成了‘过去式’，而子女的衣服妈妈洗却成了天经地义的‘现在进行时’。”她随口举了一个例子：有一个星期天，妈妈从菜场里买来了一大堆菜，她出于好心，想帮助择菜，刚拿起芹菜，妈妈看到后便从背后一声呵斥：“这里的事不要你管！只要你下星期测验分数高一点儿，快做功课去！”这个女孩无可奈何地走开了。

类似这样的情景，在不少家庭中是再平常不过的事。在中国，有多少家长不是这样教育自己孩子的呢？

不过，孩子最终要走上社会，并且是要靠自己的能力立足社会。所以，我们从小就要给他们一定的成长空间，给他们一些检验自己能力的机会，不能处处关照，更不能事事包办。只有这样，他们才能不断调整好自己的心态，学会适应复杂的社会环境。15岁就考上大学的樊晓燕从小就经常听到妈妈说，“你自己干”，她三四岁就自己洗手绢，自己洗碗，并且自己学扫地，整理小床……上中学时自己叠洗被子、棉袄，打毛衣……这种“自己干”使她养成了独立习惯，锻炼了意志。大学毕业时写论文，独自一人在河南乡下跑了三个月，拿出4.5万字的论文。她说：“‘自己干’培养了我的决策能力及办事的迅速性和果断性。”

让孩子自己的活儿自己干，外国的一些做法值得中国家长好好借鉴和学习。

美国的家庭教育是以培养孩子富有开拓精神，能够成为一个自食其力的人为出发点的。父母从孩子小时候就采取种种方法，让他们认识到劳动的价值，比如让孩子自己动手装配自行车，修理小家电，做简易木工，粉刷房间，到外边参加社区劳动等。即使是富有的父母，也十分注重对孩子进行自谋生路的能力教育。美国中学生的口号是："要花钱，自己挣!"不管家里经济状况怎样，孩子在12岁以后就得给父母的庭院剪草、给别人送报，以换取些零花钱。一些家庭还要求孩子外出当杂工，如夏天替人推收割机，秋天帮人扫落叶，冬天帮人家铲积雪等。

德国一贯重视培养孩子"正直、可靠、乐于助人、作风正派"等品格。因此，父母们从不包办孩子的事情。他们将子女视为独立的个体，给他们空间，让他们独立地去完成自己应该做的事。譬如，在孩子1周岁左右，父母就鼓励他们自己捧着奶瓶喝牛奶，喝完了，父母对孩子加以赞许。随着孩子年龄和能力的增长，父母再引导他们完成一些更难的事情。德国法律规定，孩子到14岁就要在家里承担一些义务，比如要替全家人擦皮鞋等。德国人常说，他们的首要责任就是让孩子懂得，一个人走向社会最终要靠自己，靠自立和自强。

而我们的孩子自主精神和自主能力都较薄弱。根据有关资料分析，在我国的家庭中，子女对父母的依赖日趋严重。他们从小到大，处处离不开父母的照顾。从上幼儿园到上小学，从生活到学习，依靠家长的安排和照顾已经习以为常。孩子升学就业，家长要奔走操劳，替孩子选学校、选专业、找工作，家长一包到底。等到子女长大成人，还要靠父母赞助、操办喜事、替他们抚养子女。曾经有一项调查问及某校小学生：遇到困难怎么办？有90%的小学生回答：应找父母和老师。

中国留学生在外国，其弱点暴露更为明显。国内外评论几乎公认，中国学生考试可以名列前茅，但是动手操作、实践能力则明显不足，得出结论就是"高分低能"。

当然，有很多事情是不能让小孩亲自去做的，也不应该让他们去做。如果小孩子自己动手就会让他们陷入险境。除了这些情况，小孩子都应该做到自己的活儿自己去办，这样才能培养一个具有独立人格和自主能力的人才。

孩子的命运让他们自己去选择

父母减少对孩子的操心，尊重孩子的选择权很关键。孩子有一定的选择能力，如果他们的选择与父母的希望不一致时，要尽量尊重孩子自己的选择，父母所要做的，就是帮助孩子分析利弊，权衡得失，把一切可能都告诉孩子。如果家长都能做到这一点，既有利于孩子的成长，也有利益于孩子的身心健康。何乐而不为呢?

多伊西出生时，正值美国严重的经济危机时期，成千上万的工人失业，但一些工程技术人员工作却相对稳定。为了让他长大以后有一个"铁饭碗"，多伊西的父亲便想让多伊西长大后成为一个工程师。

于是，从多伊西的中学时代开始，父亲就严格要求他去学好学校规定的那些功课。但是，多伊西爱好广泛，尤其对生物、化学和物理等方面的课外读物有着极大的兴趣。在中学时代，他的各科成绩都保持着中等偏上的水准，因而父亲对多伊西的兴趣爱好便不闻不问了。

到了 17 岁，多伊西该报考大学了，父亲坚持己见，让多伊西报考了伊利诺斯大学工程学院。多伊西虽然热爱生物化学，但父命难违。第一学期期末考试，他只勉强达到每门及格。这让系里老师们感到诧异，因为多伊西是个手不释卷、非常认真勤奋的学生，成绩怎会如此差呢？他的一位导师找到他，与他谈心，导师问："你平时相当勤奋，为什么功课都学不好呢？"

多伊西坦率地回答："我对学校规定的功课没有兴趣。我平时看的书大多不是必修和选修课程。报考工程学院是我父亲的主意，他认为这样在社会上有竞争力，容易立足。但是我的兴趣确实不在这方面。"

导师便将多伊西的这一特殊情况向校方汇报。不久，多伊西就如愿以偿地转系去自己所喜欢的应用科学院的生物化学专业试读。他的父亲这时也不好再强加干涉，只能听之任之。后来，多伊西获得学士学位，并于 1943 年获得了诺贝尔生理学和医学奖。

再看中国的情况。不少家长或是出于"子承父业"，或是出于个人的喜好，或是出于某种利益上的驱动，往往强迫子女学舞蹈、学钢琴、练书法，或者立下上名牌大学、当什么家的宏伟志愿，给孩子背上沉重的包袱，使其完全失去了孩提的童真、少年欢笑和青年的浪漫，个性被扼杀，心灵被扭曲，才智被压抑，最终是弄巧成拙，事与愿违。

平心而论，不管是中国家长，还是外国家长，望子成龙本身并不错，但问题的症结在于，培养人才不是"制造"人才，要因人而异，因材施教。否则，将是对人性的扼杀，对人才的摧残。一个人，因性格、气质、爱好、所处环境以及接受教育的差异，其发展方向和最终成就都是千差万别的。鲁迅原本是学医的，最终却成为闻名中外的文学家。杨振宁的爸爸是数学教授，发现了杨振宁在数学上的天赋，但他偏偏没有去强迫杨振宁学数学，而是顺其自然，任其发展。

在我们身边，常常会遇到这样的孩子，一旦遇到需要他们表态或做出选择时，他们便会显得犹豫不决、优柔寡断。归根到底，这种懦弱性格与不良的家庭教育有着密不可分的联系。本该放手让孩子独立的，却一概由父母说了算。其实，孩子在很小的时候开始，就期待着各种各样独立的选择：自己选择玩具、选择图书、选择小伙伴等。可以说，孩子是在无数次的选择中长大的，如果父母长期剥夺孩子这种选择的权力，必然造成孩子依赖性强、独立能力弱的不良性格，归根到底不利于孩子的独立成长，也让自己“操碎了心”。

（1）培养孩子的选择能力

放手让孩子做出自己的选择，培养孩子的选择能力很重要。这个能力应该在孩子很小的时候就要注意培养。

培养孩子的“选择”意识，可以从“吃”开始。吃是孩子最基本的行为。即使是一个2岁的孩子，家长也可以问他是要半杯牛奶还是满满的一杯牛奶。对于那些担心孩子总是选择半杯牛奶的父母，他们可以从大半杯牛奶开始。4岁的孩子，我们可以让他选择是要半个苹果还是一整个苹果。6岁的孩子能自己决定煮鸡蛋是要老一点儿的还是嫩一点儿的。

为此，家长不妨故意制造一些场景，让孩子自己作决定。不要问小孩子这样的问题：“你早餐想吃什么?”而应该这样问孩子：“你想吃炒鸡蛋还是煎鸡蛋?”“你的麦片粥是要热的还是凉的?”“你要喝橙汁还是喝牛奶?”这样的问题传达给孩子一个信息：他需要对自己的事务负一定的责任。他不仅仅是一个接受命令的人，还是影响他生活决定的参与者。

很多家庭在给孩子买衣服时，孩子没有能够参与意见，没有能够锻炼自己的独立性，这是很可惜的。事实上，有很多成年人，在没有参谋的陪同下，无法为自己买上一套衣服，这不能不说是缺少锻炼的缘故。因此，家长要从小培养孩子选择衣服的能力。在给小孩子买衣服时，决定孩子应该穿什么样的衣服，以及该花多少钱，这是做父母的责任。在商店里，可以选几个款式，从价格来讲，家长是可以接受的，然后让孩子选择他喜欢穿的那件。即使一个6岁的孩子也能从父母已经选好的那些衣服中选择他喜欢的款式。

零用钱不应该成为奖赏或报酬来付给孩子。它是一种教育手段，有明确的目的：为孩子提供花钱的经历，从中锻炼孩子选择和承担责任的能力。家长所需要做的，就是制定一个大体的方针，规定零花钱的支出范围：午饭、学习用品等。随着孩子年龄的增长，零用钱的数量也要适当增加，以应付额外的开支。

有的孩子一拿到零用钱很快就花了很多。对这种滥用零花钱的行为，父母应该和孩子商讨，用一种处理公事的态度，这样才能得到双方都同意的解决办法。可以把零用钱分成几批给孩子，一周两次或更多次。不过，零用钱本身不应该成为悬在孩子头上的大棒，对孩子施加压力，让他取得好成绩，或者变得听话。父母也不应该在气头上随意停发零用钱，或者一时高兴，随意增加零花钱。否则，孩子会感到不舒服。

（2）尊重孩子的选择权

有的家长会说："孩子的选择不一定正确，因为他们毕竟还小呀!"是的，尊重孩子的选择并不能保证孩子每一次选择都是正确的。这就要求家长们在尊重孩子选择权的同时，还应培养孩子的"辨别"能力。不过"辨别"的能力也只有在"选择"的实践中培养，所以，最好的培养办法还是多为子女提供"自作主张"的机会。孩子需要添置衣服，最好在式样、颜色等方面由孩子做主；星期天，最好让孩子准备一天的伙食，吃什么、怎么吃由他去操心；学习上遇到困难了，家长就应帮着出出主意，但解决问题的办法最后还得孩子自己拿……

在这过程中，孩子肯定会摔几个跟斗、走一段弯路，但选择的能力正是在一次次选择的尝试中得以提高。家长千万不要用"不听老人言，吃亏在眼前"的言辞来剥夺孩子的选择甚至阻止孩子选择的权力。

值得一提的是，尊重孩子的选择与孩子尊重家长的选择是不矛盾的。在充满民主气氛的家庭中，尊重是相互的。家长不把自己的意志强加给孩子，并充分理解和善于听取孩子的合理主张，尊重他们的意见。

孩子的生活让他们自己去打理

自己的生活自己打理，就是要培养孩子自立自强的能力。培养孩子的这个能力，就要让孩子从小体验生活，参加劳动，让他们很早就明白：生活是靠劳动创造的，幸福是靠奋斗争取的。同时，让孩子早日投入到生活中去，有利于他们尽快掌握生活知识，锻炼生活本领，在生活中磨砺高尚的品质，树立健康的人生观。毫无疑义，一个能生活自理的孩子，是让父母放心的。

美国第34任总统艾森豪威尔，靠自己的努力考入西点军校，并以优异的成绩毕业。在服役期间，艾森豪威尔就显露出了卓越的军事才能，因此他受到赏识而步步高升，1941年还是上校，到1945年他已是五星上将了。“二战”后，杜鲁门总统任命他为陆军总长。1948年艾森豪威尔退役，任哥伦比亚大学校长。1952年竞选美国总统获胜，1956年连任。

他的父亲老艾森豪威尔是个很有学问的人，他精通英语和德语，能流畅地用希腊文读书，但他并不让孩子与西部开拓者的孩子有任何不同之处。

在教育方法上，老艾森豪威尔制定了严格的家教，培养孩子良好的生活习惯。比如，要求孩子必须早上6点钟起床，晚上9点睡觉。每个孩子干任何事情都要干好，谁不认真都要返工重做，出现错误要受到惩罚。

有一次，艾森豪威尔的二哥埃德加瞒着父母在当地一位医生那儿工作了数月之久，并且得到了一些报酬，对家里则说在认真上学。父亲知道这件事后，埃德加挨了一顿鞭子。

艾森豪威尔的父母一方面用严格的家规来要求孩子，随时纠正他们的各种错误，以利于他们健康成长；另一方面，他们也以身作则，为孩子树立好榜样，实行一贯性的示范教育。父亲平时没有兴趣也没有时间对儿子们进行空洞的说教，他只是以自己的行动来鼓励儿子们勤奋上进，在困难面前不屈不挠。

艾森豪威尔的母亲个性沉着、矜持，除了操持家务外，她还腾出时间来帮助有困难的人。

父母的言行给孩子们留下了深刻的印象，使他们明白了只有依靠艰苦的劳动，才能改变和创造生活。同时，也形成了他们善于待人接物、团结助人的高尚品行。

所以，做家长的就应当像艾森豪威尔的父母一样，从小就让孩子学会劳动、学会生活，在劳动和生活中成长，从中培养自立自强的意识，为将来的成功打下良好基础。如果孩子长到了十几岁，还四体不勤、五谷不分，过着饭来张口、衣来伸手的生活，那么，即使他学到了满腹知识，也无法应用于实践。

孩子的事情让他们自己去管理

父母总是把孩子当“孩子”，对他们这也不放心那也不放心，势必事事包办，这不仅增加了父母的负担，也让孩子永远长不大。孩子总有一天是要自立于社会、自立于人生的，如果能从小培养孩子自己的事情自己做、自己的东西自己管、自己的生活自己安排的自我管理习惯，就能增强孩子行为的独立性、目的性和计划性，这对于孩子今后生活的幸福和成功无疑有巨大的帮助。

孩子如果既活泼可爱，同时又具备生活自理能力、计划执行力、情绪自制力、耐力……那该多么理想啊。然而，一个不争的现实却告诉我们：现在的孩子，最缺少的就是“自我管理能力”。

春春4岁学芭蕾，5岁学电子琴，6岁学朗诵，7岁又学了书法，然而狗熊掰棒子，一样也没学到能“自娱自乐”的程度。老师反映，春春遇事3分钟热度，耐挫性差，课程的难度一上去，她就开始走神。而课堂上任何一点新奇的变化，都能吸引她的注意力。比如，书法老师上课上到一半，春春要求举手发言，内容居然是：“老师，您的裙子真漂亮，上面的花朵是真水晶还是假水晶?”弹琴弹到一半，自己跑到教室的走廊上去了，因为她发现走廊上飞来一只鸟儿。

不但自制力差，春春什么家务也不会干，鞋带由家长帮着系，书包让家长帮着整理。一次，妈妈的单位临时通知她晚上开会，偏偏春春的爸爸又出差了，万般无奈，妈妈只有打电话遥控春春下方便面，结果她没听清要领，水还没开就把面放下去，面条成了一坨大疙瘩……

相信春春的情况许多家长并不陌生，像这样缺少自我管理能力的孩子，做事没有规矩、条理，也无法控制自己的行为，怎么不令家长感到揪心。

自我管理能力的养成，其实就是孩子成长能力的养成。这是非智力因素的核心部分，孩子懂得自控，懂得忍耐，做事有条不紊、毫无疏漏；有很强的独立生活能力，能够管理好自己的情绪，并能推己及人、换位思考，体谅他人的喜怒哀乐……最终，孩子将成为一个有责任心的人，也会使他对自己的能力充满自信与自豪。

如果你确定你的孩子管理能力低下，不妨通过以下努力提高这种能力：

（1）减少对孩子的管制

要培养孩子的自我管理能力，就要减少对孩子的管理和管制。鼓励孩子自己思考，懂得做事是为了自己的将来；鼓励孩子自己选择哪些事可以做，哪些事可做可不做，哪些事不该做；鼓励孩子在内容选择的基础上，思考和安排各类事情的顺序，先做什么，后做什么，然后才考虑怎么做……这时，家长的管理员角色就应转变成观察员和建议员，给孩子一些指导和意见，而路由孩子自己去选择，自己去走。不要怕孩子犯错，错误是最好的学习机会。如果成绩下降了，提醒孩子是否是分配给学习的时间少了，或者需要辅导，让孩子自己调整自己的安排。这样，孩子又可以在这一过程中发现问题、解决问题。这时，孩子的自我管理能力就真正培养起来了。

（2）给孩子学习管理的机会

稍大的孩子，可由家长带领参加自助游。暑期是亲子自助游的最佳时机。父母尽量由平时对孩子照顾管理较少的一方，单独带孩子出游。而且，家长带孩子出游时，尽量表现得“低能”一些，从而给孩子创造锻炼的机会。很多难题都可以与孩子商议着办。比如，去一个景点怎么走才最经济？临行前应准备哪些东西？遇到迷路、超支、旅馆客满、订不到理想的车票应该找谁求助？这样的讨论会把孩子的做事计划性和生活自理能力一点点挖掘出来，他会知道出门要带上地图、帽子、防晒霜、饮用水，还要准备足够的硬币乘坐公交车，他也会知道拍摄所用的胶卷可以在旅馆附近的超市购买，质量有保障，价格还便宜，在景区购买的胶卷要贵很多。

孩子在自我管理的过程中，家长应指导他们不断与他人比较，也和自己的过去比较，并以此调整自己的思维方式和行为习惯，克服困难，战胜自己的不足，最后要达到自己考察自己、思考自己、解剖自己、调节自己、战胜自己。如果管理达到了这种境界，即不用别人管束，自己就能调节自己的言行，达到自主化的程度，使自我管理较成熟、较完美。

（3）从孩子小时候抓起

很多研究资料显示，要让孩子自己在三四岁之前完全学会穿衣服和脱衣服是不太可能的，但是孩子自己穿衣服、自己叠被子，学会自我管理，这种意识必须从小就开始培养。2岁左右的孩子就已经有了自己穿衣服和脱衣服的独立意识。这时虽然花费的时间比较长，也可能穿得不合父母的意。但是，父母还是应该不厌其烦地鼓励孩子慢慢地实践。当然，父母不可撒手不管，应该及时教孩子正确地穿衣服和脱衣服的方法。如果父母为了省事，不让孩子动手，孩子一旦形成了依赖的习惯，他就不会自己动手去做自己应该做的事情了。除了鼓励孩子自己穿衣服、脱衣服之外，父母还应该通过言传身教让孩子不断地形成冷了会添衣服、热了会脱衣服的习惯。同时，还应该教会孩子自己叠自己的小棉被，洗自己的小手绢、小袜子等。让孩子懂得，自己的事情自己做，这才是一个好孩子。

（4）给孩子寻找"榜样"

专家认为，从孩子6岁起，"伙伴"的影响力将逐渐超过家长，而"不教而教"的根本方法，就是利用假期及平时的双休日，给孩子找一个"自我管理力"较强的伙伴，让孩子跟他相处一段时间。值得注意的是，在此之前家长切不要突出“榜样”的业绩，而把自家孩子贬得一无是处。这里面有一个值得关注的“主场效应”——怎样才能使“自我管理能力”较弱的孩子受到对方的影响而不是相反？很重要的一点，就是要让“自我管理能力”较强的孩子当“小主人”，保持自己的“主场影响力”。两个孩子可以在一起制订计划，安排每一天的生活：几时做功课，几时打球，几时帮忙做家务，几时玩电脑游戏……“自我管理力”较弱的孩子会从伙伴那里学到控制、忍耐与未雨绸缪的本领。比如，打游戏45分钟后一定会关电脑；去打球或游泳之前，一定会拿出空瓶，从自家的纯净水桶里灌水带去，从而省下买饮料的钱；下午5点半之前会把干净衣服收好叠起，并擦净地板；开空调4小时后一定会开窗通风，并享受一下“流汗的畅快”。

（5）通过“五常法”加以训练

五常法是日本人推崇的一种品质管理技术，当中包括常组织、常整顿、常清洁、常规范及常自律五项。当运用到孩子身上时，则可从小培养他们良好的生活习惯及自理能力，再发展到行为自律。

一是常组织。经常组织孩子扔掉不需要的物品（例如一年没有用过的物品），并将保存的物品分层管理，要点在于集中存放及尽量降低存量。这样做的好处是训练孩子的观察能力，常常检查家居物品是否卫生及完整，并限制物品数量，够用即可。

二是常整顿。让孩子学习分类的概念，每件物品都有个家，并贴上卷标，让孩子自行将物品放回原处。譬如，书本放在架子的最上层并贴上卷标，而玩具放在胶盒内，鞋子则放在鞋架上，让孩子在30秒内找到所需物品。

三是常清洁。孩子要保持个人清洁，使其树立“我不会使东西变脏”，而且“我会马上清理”的观念。这样做的好处是每天清洁身体及衣服，保持健康卫生的生活习惯。为了让孩子知道自己面部、手部是否清洁，衣服、鞋袜是否整齐，父母可特别将镜子挂在适合孩子的高度，帮助他进行自我检查。此外，父母可鼓励孩子分担家务，吃完东西要收拾餐具及桌椅，以及定时收拾书桌。

四是常规范。经过父母与孩子沟通后，利用透明度、视觉管理及园林式环境，为孩子提供规范化的环境，减少错误并且提高办事效率。这样做的好处是建立孩子的自信心，乐意与人沟通，能自主或与父母合作制定生活标准，遇到事情知道怎样解决、怎样寻求帮助。

五是常自律。持续地、自律地执行上述"四常"，养成遵守规章制度的习惯。当父母了解到孩子的长处与短处，再按情况做出适当的奖赏，让孩子从他律(以成人的赞赏作为标准)、纪律，发展成为自律。这样做的好处是让孩子做个自尊感强的人，懂得自我管理生活。

第六章　适当批评和惩罚，纠正孩子的不当行为

- ✲ 教育孩子离不开批评
- ✲ 孩子出格时，必须“惩罚”
- ✲ 孩子“不听话”怎么办
- ✲ 怎样对待“顽皮”的孩子
- ✲ 别让“自私”害了孩子
- ✲ 让孩子的心胸宽些，再宽些
- ✲ 别让孩子太冷漠
- ✲ 孩子爱嫉妒不可取
- ✲ 孩子爱吃独食怎么办

教育孩子离不开批评

许多父母天天哄着孩子，看着孩子的脸色行事，只要看到孩子做了一些好事，就不断表扬他，而当他做了错事时，却很少批评孩子。孩子其实跟大人一样，往往也喜欢听表扬，不愿意接受批评，其实孩子还是需要适当的批评的。有专家研究后认为，孩子如果很少挨过批评，被赞扬声包围，很容易变成"老虎屁股摸不得"的小霸王，不知道什么是对的，什么是错的，是非不分，这对他的心理健康发展是毫无益处的。而当这些在儿童时代难以接受批评的孩子长大后，也大多会对批评抱有"敬而远之"或干脆"拒之门外"的消极态度，他会无法面对挫折，更无法适应社会的需要，这对事业成功是不起任何积极作用的。

所以，当孩子做错了事，或没有完成家长或老师交代的任务，家长提出批评是自然的，也是必要的。但是，现代的孩子个性很强，对他们进行批评必须注意策略和方法，讲究批评的艺术，否则不但达不到批评的效果，反而会造成亲子关系的紧张，不利于以后的教育。

(1) 批评的技巧

孩子不爱听批评，问题还是出在父母身上。因此在批评孩子时如果能注意下面这些原则，孩子通常就容易接受你的批评。孩子学会了善待批评，那么批评也会跟表扬一样，成为鼓励孩子前进的动力。

一是保护孩子的自尊心。当孩子做了错事时，孩子处于悔恨之中，不知所措，此时父母批评孩子时，应先对孩子做得好的方面给予肯定，然后再指出做得不对的地方，要让孩子知道家长不是光把眼睛盯住他的错处。批评孩子错处时，只谈眼前做的错事，不翻旧账，以前的事已经批评过了就应该“结案”了，不能老是记着孩子以前不好的地方，让孩子觉得在父母面前永远无法翻身。这样很容易伤孩子的自尊心，从内心里就不会接受这种批评。

二是允许孩子做出解释。如果批评不符合事实，也应允许孩子做出自己的解释。告诉孩子：给他解释权，目的绝不是推卸他所应负的责任，而是要他实事求是地面对。如果你强硬地要求孩子改正错误，孩子从心里不服，他就会虚假地答应你，表面上接受了你的批评，但心里感到受了很大的委屈，这对他接受你的批评没有任何作用。

三是增加身体接触。在批评孩子时可以搂着他的肩膀说话，或拉着他的手讲道理给他听。我们都知道忠言逆耳，有些听不得一句重话的孩子会非常排斥所有指责他的话。所以当我们实在需要责备他时，应该用眼睛正视孩子，在说着指责他的话时，身体部分要有接触，这样就能达到恩威并施的效果。

四是批评之后要鼓励。孩子该批评的时候，我们肯定要批评。但是，批评完孩子之后我们应当适当给孩子一些鼓励。每个人都有自尊心。当你批评他时，你已经在打击他的自尊心、自信心，所以，孩子肯定会有不同程度的伤心、郁闷。这时，你就要适当地给他一些鼓励，给他一些阳光，这样，孩子才不会产生抵触情绪，使你的批评达到预期的效果。

五是批评要及时。在孩子犯错误不久就及时进行批评，对于他改正错误是再有效不过的了，但往往事情不能总是这样凑巧。有时候，或是你发现得晚，或是当时一些事情耽误了你的批评行动，使得你不得不跟孩子“秋后算账”。那么这个时间的选择就非常重要了。谈话应该在两个人都心平气和的时候进行，先让孩子自己回忆所犯的错误，如果他拒绝回忆或者回忆不出来，就由你来将这件事情

“复述”一遍。“复述”得越详细越好，让孩子充分回忆起当时自己的想法和做法，这样，虽然批评并不那么“及时”，但也能起到效果。

六是批评要与教育结合。批评的目的是为了遏制孩子不良行为、不良品德、不良习惯与不良学习态度等。为了使批评能够达到目的，父母在对孩子进行批评时一定要向孩子讲清楚不良品德、不良行为、不良习惯与不良学习态度的危害性，使孩子感到非常有必要克服这些缺点并改正错误，使孩子感到父母批评自己的目的确实是为了自己好，是为了自己能够更快地进步。

七是批评要批到点子上。父母的批评要有针对性，就事论事。然而，有些父母批评孩子却不是就事论事，而是东拉西扯算旧账，把上星期，甚至一年前、两年前孩子的过失都放在一块儿算。这样就冲淡了要批评过失的主题，孩子不知道挨批评的重点是什么，也不清楚父母让他改正什么，这也不是，那也不是，总是有缺点，容易使孩子产生消极情绪，失去信心。

八是注意时间和场合。父母尽量不要在清晨、吃饭时、睡觉前批评孩子。在清晨批评孩子，可能会破坏孩子一天的好心情；吃饭时批评孩子，会影响孩子的食欲，长此以往会对孩子的身体健康不利；睡觉前批评孩子，会影响孩子的睡眠，不利于孩子的身体发育。最关键的是，父母批评孩子最不应该在公开场合，如公共场所、当着孩子同学朋友的面、当着众多亲朋的面。孩子也是有自尊心的，甚至有的孩子自尊心会很强，如果父母在公开场合批评孩子，会让孩子感觉很没面子，还可能会对父母心怀不满甚至心生怨恨，会影响父母与孩子之间的感情。

九是注意声音和语气。家长应以低于平常说话的声音批评孩子，“低而有力”的声音，会引起孩子的注意，也容易使孩子注意倾听你说的话，这种低声的“冷处理”，往往比大声训斥的效果要好。此外，沉默也是一种批评的方式。因为孩子一旦做错了事，总担心父母会责备他，如果正如他所想的，孩子反而会有一种“如释重负”的感觉，对批评和自己所犯过错也就不以为然了；相反，如果父母保持沉默，孩子的心里反而会紧张，会感到“不自在”，进而反省自己的错误。

（2）批评孩子的禁忌

一是批评不要对人不对事。孩子在课堂上犯了某些成人认为的错误时，我们应当对这件事进行批评，指出为什么要批评你，这个错误有什么危害，对你有什么影响。同时，要给孩子一定的空间，让孩子知道他还有犯同样错误的空间，但是每次犯错，措施就会不同！如果一味压制孩子的犯错空间，孩子越害怕，错的地方就越多，久而久之，孩子会养成退缩、胆怯甚至懦弱的性格。

二是不要“翻旧账”。可能最让你无法忍受的是孩子在一个问题上总是犯错误，明明说了很多遍，批评了很多次可是就是引不起他的警觉。这个时候你应该仔细思考一下是不是自己的批评方式出了问题，是不是应该换一种方式或者用一些新的方法加强孩子的警觉。如果只是一味地批评孩子总在同一个问题上犯错误，只能引起他的反感，而且还会对你的批评产生“免疫”，不论你再怎么说他，他也不会认真改正了。除此之外，最不可取的是在批评一件事情的时候又提起了别的错误。这样做只会让你的谈话更加缺少中心，不仅不能提高孩子对这件事情的认识，还会让孩子对你的批评心不在焉。

三是不要疏远感情。批评过后要依旧表达对孩子的感情，父母不要一直板着脸说话或不理睬孩子，如果本来打算和孩子出去玩，也不能以孩子今天做错事为理由不带他出去，要让孩子知道，做错了事就应受到批评，但父母不会因为他做了错事就不爱他。

四是不要当众批评孩子。英国教育家洛克说过：“父母不宣扬子女的过错，则子女对自己的名誉就愈看重，他们觉得自己是有名誉的人，因而更会小心地去维持别人对自己的好评；若是你当众宣布他们的过失，使其无地自容，他们便会失望，而制裁他们的工具也就没有了，他们愈觉得自己的名誉已经受了打击，则他们设法维持别人的好评的心思也就愈加淡薄。”实际情况正如洛克所述，孩子如若被父母当众揭短，甚至被揭开心灵上的"伤疤"，那么孩子自尊、自爱的心理防线就会被击溃，甚至会产生以丑为美的变态心理。

五是不要用打骂的方式。孩子犯错误时大人要冷静，做到态度坚决、语气平静。如果经常采用打骂方式，会让孩子养成一种习惯：只有打骂才有效果，其他方法都没有用。要养成孩子讲道理的习惯。在他还不会说话时，全家就应达成一致意见：凡事跟他讲道理。告诉他什么应该做，什么不应该做，所以通常教育他还是比较容易的，只要你能说得他心服口服，他就是不愿意，也会按照你说的去做。如果孩子大了，可能纠正起来会有些难度，但也并不是改不过来。要告诉孩子：如果你讲道理，我会好好地跟你说，如果你不讲道理，我不会理你，并让全家冷落你，直到你愿意跟我讲道理为止。其实孩子最怕的就是被人冷落，坚持几次，肯定会有效果。

六是不要变成情感虐待。教育孩子当然也需要批评，但一定不能老批评，老批评就变成情感虐待了，就会给孩子带来心理创伤，孩子长大后容易抑郁。

孩子出格时，必须“惩罚”

随着家庭教育水平的提高，许多家长已经从传统的“重罚轻教”模式转变为“重教轻罚”模式。这个“模式”告诉我们：当孩子犯了一定错误时，进行适当的“惩罚”也是必要的。但是，惩罚不是打骂的代名词，不是对孩子罚站、罚饿，甚至虐待孩子。如果是这样，就是走入了误区。

教育心理学家认为，惩罚的方式多种多样，打骂只是其中的一种，是惩罚的极端行为。错用、滥用惩罚以至不负责任地对孩子的肉体和心灵施暴，会加重孩子的逆反心理，长此以往就会使惩罚失效，导致最终“管不住孩子”；而适当、适时的科学的惩罚却能对孩子起警戒作用，促使孩子改正错误，从而收到以罚助教、以罚代教的效果。

(1）国外惩罚孩子的方法

容忍孩子的不良行为，甚至为孩子的不良行为寻找诸如“他累了”“他没有午睡”“他情绪不好”之类的借口，都是父母对孩子“不负责任”的表现。在这方面，国外的一些教育经验值得借鉴。

在新西兰，打孩子是一种违法行为。因此，父母一般都不会体罚孩子。如果孩子在公共场所闹腾，只要不影响到别人，一般都会采取冷处理的方式对待孩子。如果影响到别人，就会将孩子抱走，将他放在一个比较开阔而安静的地方，让他继续闹，直到他闹够。要知道，孩子闹是为了吸引父母的注意或者通过这种方式来达到他的某些目的。如果孩子看到自己的闹腾没有效果，他自然会选择放弃。其实，孩子并非我们想象的那么不懂事，他只是控制能力差一点儿而已，因此，父母要从孩子小的时候起就教他学会承担责任，学着约束自己。

对日本家庭来说，父亲是绝对的权威。正是因为习惯了服从，所以日本人才成为最守纪律、最富有集体主义精神的民族。如果孩子犯了错误，日本父母会采取各种措施惩罚孩子。比如，取消孩子外出玩的计划，甚至让孩子饿上一顿，或者进行适度的体罚等。但是，如果孩子在公共场所犯错，父母一般不会当众处罚孩子，而会在回家之后再对孩子的表现进行点评，或者给孩子一些惩罚。

美国父母十分关注孩子个性、创造性、独立性与心理健康等，因此，对美国父母来说，惩罚是一件需要慎重对待的事情。一般从孩子一出生开始，父母就会考虑如何惩罚孩子以及怎样掌握惩罚的“度”的问题。例如，当孩子的错误比较严重时，取消周末最喜爱的活动等。美国的幼儿园、学校也会对孩子的不良行为进行惩罚，他们的惩罚方式是：让犯了错误的孩子一个人到某个角落单独待上几分钟。当孩子意识到他所犯的错误带给了自己麻烦之后，老师就会抓住时机对孩子进行教育，让孩子明白自己究竟错在哪里。如果孩子过分顽劣，幼儿园或学校则会同家长联系，让家长一起参与来改造孩子。

加拿大也是个不主张体罚孩子的国度。时常有家长因为体罚孩子而被警察带走的事情发生。不过最新的加拿大法律规定对 2 ~ 12 岁的孩子可以适度地进行体罚，问题是这个度很难把握。如果孩子不懂事，在幼儿园向老师告发父母打骂的话，有关部门就会立刻介入。情节严重的，父母甚至会丧失抚养权。

（2）惩罚孩子的原则

一是惩罚的前提是尊重。惩罚绝不等于体罚，惩罚是一种教育手段，越是惩罚孩子越要尊重孩子。惩罚的方法是为了唤醒孩子心中的责任感，其目的是让孩子对自己的过失负责。惩罚应该是让他明白，你是一个人，你要对自己的行为承担责任。其实当一个人做了错事的时候，他内心里有一种惩罚自己的需要。这是一种心理需求，为自己的愧疚承担责任，取得心理平衡。

二是惩罚的轻重要适度。惩罚孩子的目的自然是为了引起孩子的良性转化，那么惩罚的“量刑”就必须合乎孩子的行为。惩罚过重容易引起孩子的对抗情绪，太轻了又不足以使孩子引以为戒。因此惩罚孩子要以达到目的为原则，既不能轻描淡写，又不能小题大做，滥用“刑罚”。有些孩子性格比较内向、敏感，对这样的孩子，也许瞪他一眼，或者冷落他一会儿他就受不了了。而有些孩子则比较皮实，即使父母打他的屁股他也不觉得怎样。因此，父母要了解自己的孩子，知道他是个怎样的孩子，以免惩罚过度或无效。

三是惩罚要对事不对人。父母之所以要慎重使用惩罚，就是因为不当的惩罚会给孩子的心理带来巨大的伤害。因此，建议父母们在惩罚的时候要让孩子明白，你惩罚的只是他的错误行为，他仍然是你所喜爱的孩子，如果改正了错误，你会更喜欢他。

四是惩罚的时候先肯定。每个孩子都有值得父母赞扬的优点，当父母要惩罚孩子的时候，内心里首先要相信孩子还是好孩子。同时，父母也要在惩罚时把自己的内心感受对孩子说清楚，让孩子知道他在父母眼里并非一无是处。

五是惩罚孩子要及时。现代教育理论认为，惩罚的效果部分是来自条件反射，而有条件刺激和无条件刺激的间隔时间越短则效果越好。所以家长一旦发现孩子的行为有错，只要情况允许就应立即予以相应的惩罚；如果当时的情境（如有客人在场或正在公共场所）不允许立即做出反应，事后则应及时地创造条件尽可能使孩子回到与原来相似的情境中去，家长和孩子一起回顾和总结当时的言行，使他意识到当时的错误行为，并明确要求他改正。

六是说明惩罚的原因。家长和孩子之间存在着教与被教的关系，但教育孩子应当以理服人。惩罚只是手段而不是目的，因此，惩罚之后必须要及时与孩子说理。否则，孩子在忍受了惩罚之后还会依然如故。所以，家长在罚了孩子以后要通过说理、剖析的方式使孩子明白他为什么会受罚、知道犯错误的原因，讲清楚如果坚持犯下去将有什么后果。因此，让孩子明白自己受罚的原因才是根除错误的关键，说理是惩罚孩子之后不可或缺的一个重要步骤。

七是惩罚前后要一致。父母教育孩子要相互配合，态度一致，赏罚分明。该奖时就要郑重其事甚至煞有介事地奖，让孩子真正体会到受奖的喜悦；该罚时也应态度明确、措施果断，让其真正知道自己错之所在。只有这样，才能培养孩子明辨是非、知错即改的品行。如果在对孩子实施惩罚之后，父母中的一方认为孩子受了委屈，随即又用钱物或食品来安慰他，这将会使惩罚失去作用。

八是说话点到为止。一些家长责怪孩子没完没了，而且还时不时地喝问孩子"我的话你听见了没有?"孩子慑于家长的威严，为了免受皮肉之苦，只能别无选择地说"听见了"，其实他可能什么都没听进去或者根本就没听。孩子之所以说知道了，只是顺着家长的意思，为了早点儿结束训斥。于是，当孩子下次再犯同样的错误时，家长便感到"痛心疾首"，随即说孩子"不把我的话当回事"，说孩子"不听话"。其实这并非孩子不听话，而是父母的唠叨太多了，让孩子分不清主次，不知道听哪一句为好。再者，经常性的唠叨多了，也会导致孩子耳朵"失聪"，使教训失去效果。因此，家长在教育孩子时务必要改掉爱唠叨的毛病，凡事点到为止，然后观察孩子的反应再采取适当的应对措施。

九是要给孩子指明"出路"。惩罚孩子不能半途而废，应要求受罚的孩子做出具体的改错反应才能停止。家长要态度明确，跟孩子讲清楚他应该怎么做、达到什么要求或标准，否则有什么样的后果。如孩子有乱丢东西、不爱整理的习惯，家长在惩罚时就应该让他自己收拾好东西、整理好玩具。家长千万不能含糊其词甚至让孩子"自己去想"。家长不给"出路"，孩子改错就没有目标，效果就不明显。

(3) 惩罚孩子的禁忌

一是惩罚不要"翻箱倒柜"。很多家长训教孩子时，总忘不了东扯西拉、横牵竖连，说出孩子的种种不是来，有的甚至将孩子说得一无是处，直至忘记了本次训教的主题。孩子会觉得，反正自己没有一处是对的，以前取得的成绩、改正的缺点家长都看不到，感觉自己天生是挨训该罚的料，对改错失去了信心，也就破罐破摔、我行我素，这样的教育效果可想而知。孩子最厌恶父母翻老账，家长训教惩罚孩子务必要一事一议，就事论事，切勿搞牵连、翻陈账。

二是杜绝劣性转嫁。父母在心情不好时很难把握好自己的感情，容易使自己恶劣的情绪转嫁到孩子身上，其后果往往不堪设想。一来孩子无过受罚，父母小题大做，会使孩子感到有失公理。二来如果此时父母再因不能自制而使惩罚无限制地升级，则往往会激化孩子对父母的反抗情绪。因此，建议父母切勿在醉酒之后或自己心情不佳、情绪低落、脾气暴躁等时候惩罚孩子，以免过激失态，影响自己在孩子心目中的形象和威信。

三是忌讽刺挖苦。父母惩罚孩子应力戒讽刺挖苦，更不能自恃“孩子是我生的、是我养的”而随意用恶毒的语言指责谩骂孩子。实践证明，讽刺挖苦和恶语谩骂已超越了孩子的理智能够接受的范围，将会刺伤孩子的自尊心。因此，做父母的应该牢记自己惩罚孩子的目的是帮助孩子改正错误，绝不是为了图一时嘴巴痛快而去刺伤孩子的自尊心。

四是千万别说“不要你”。“你再调皮，妈妈就不要你了！”这是很多家长在教育不懂事的孩子时经常说的一句话，甚至有的家长还故意藏起来，直到孩子停止了某种行为后，才出现在孩子面前。心理学家认为，家长假装遗弃孩子的做法，大大破坏了孩子的安全感。依恋关系遭到破坏的儿童，均会出现行为退缩、敏感、自卑、多疑、情绪不稳定、难以与人建立亲密关系等表现。虽然家长并不是真的要抛弃孩子，但对于不懂事的孩子来讲，是无法区分家长的表面行为与内在动机的。他们会把爸爸妈妈的离开，当成是真的离开。

孩子"不听话"怎么办

一个4岁的孩子，一次和爸爸一起宴请客人。爸爸先给朋友家的孩子倒果汁，他就不高兴了，把杯子也打翻了，然后边哭边打爸爸。爸爸跟他讲道理，他听都不听，爸爸气极了。

一个6岁的小女孩，睡前突然提出这样的要求："妈妈，我要吃麦当劳！"妈妈说："乖孩子，今天先睡觉，妈妈明天带你去买！"谁知女儿又哭又闹："不！我现在就要！"劳累了一天的妈妈差点儿就被女儿逼得歇斯底里了。

一个11岁的男孩正面临小升初考试，放学一回家就玩起了电脑，爸爸催他看会儿书，结果反遭白眼："我就是这样的人，要是对我不满意，那你们当初把我生出来干什么呢？"

……

这些孩子不听话的故事，是不是就发生在你的身边？

许多家长突然间发现，孩子的性格变了，不听话了，你让他往东他偏偏往西。随着孩子年龄的增长，许多家长都遇到孩子不听话、很逆反的情况，这让许多家长感到很头疼。家长们想骂不管用，想打又下不了手，只能感叹："孩子怎么这样不听话？怎样才能让孩子听话？"

（1）满足孩子的好奇心和合理要求

在确保孩子远离危险的情况下给他充分的自主探索空间。为了让孩子远离危险的东西，最简单的方法之一便是为他提供其他的替代品，同时给他设立一定的规则，对他的探索进行一定限制，因为此时的孩子对可触摸与不可触摸的东西之间的界限是模糊的。

主动提供一些有趣的玩具和物品有效吸引孩子的注意力，使他把精力集中于可满足探索需要的活动中。试着给他多提供结构性玩具，让他拼拼拆拆；引导他创新旧玩具新玩法或把废弃物当玩具，如把旧报纸揉成团当足球踢，既满足了他的好奇心又满足了他渴望动手操作的愿望，他一定大为开心。

当孩子提出合理的要求，特别是当他遇到自己能力范围可以解决的事情时，如要求自己穿衣服、洗脸等，请及时放手让孩子自己去做，这会使他体验到成就感和愉悦感，也能避免“不听话”行为的产生。

（2）不要体罚“不听话”的孩子

当孩子“不听话”时，有的父母采取各种办法来处罚孩子，这似乎是家长在教育孩子过程中最习惯的做法，每当孩子的表现与家长的想象不一样时，就通过打骂来解决问题，这种做法往往对孩子的身心发展造成难以弥补的创伤。处罚只会让孩子身心感到痛苦、不适或意志遭到压制，只是在你的强压之下出现暂时的屈服，很难真正从思想上帮助孩子认清自己所犯的错误。

作为家长，当孩子出现不听话时候，要保持冷静的头脑，不能一味地责怪，要帮助孩子分析情况，说明道理，使他从内心接受教育，真正意识到自己错在哪儿？为什么错？错下去的后果是什么？让他知道问题的严重性。解决问题最根本的办法还是以长期坚持系统教育为主，平时在生活当中要多用心，多想办法，采取合理有效的方法，对孩子实施教育。

（3）对孩子切勿要求过高

在教育孩子时，家长切忌要求过高。望子成“龙”，望女成“凤”，天下父母人同此心，无可非议。但有的父母不考虑自己孩子的实际情况，对孩子提出一些过高、过严的要求，这些要求超出了孩子承受能力，就会使孩子丧失信心，甚至出现厌烦情绪，产生逆反心理。所以，家长对子女的期望不能太高，更不应急于求成，应该从子女的实际情况出发，要求孩子认真学习，逐渐提高，并要不断予以鼓励和支持。这样，孩子的逆反心理就会逐渐消除，不听话的现象也就会越来越少。

(4) 把尊重和信任放在首位

解决孩子"不听话"的问题，必须让孩子从内心接受你的观点和要求。只有把尊重和信任放在首位，孩子才会理解你的要求，才能答应你的要求。

有的家长认为，小孩子只能约束，无所谓信任与尊重，不然他们会不服管教。因此，家长平时不注意倾听孩子的诉说与要求，甚至不择场合地申斥孩子，挫伤孩子的自信心与自尊心，使孩子对家长望而生畏。还有的家长则受孩子的左右，孩子说什么是什么，孩子要求什么做什么，以求得孩子听从自己。更有的甚至为孩子护短，替孩子说谎，或是过分夸耀自己的孩子，这样也使孩子的自尊心受到压抑，孩子一旦明白了，会对父母的纵容感到羞辱和愤怒。久而久之，就会使孩子失去对家长的信任与尊敬，家长的话自然也就不放在心上，逆反心理会越发严重。

为了做到对孩子尊重与信任，家长首先要尊重孩子的人格。孩子做对了或做好了，要使他知道应该这样做，并且鼓励他做下去。表扬不要言过其实，尤其避免在众人面前做不适当的夸奖。孩子做错了或做坏了一件事，要提出意见和批评，甚至严厉的批评，采取惩戒措施，使他吸取教训，但批评也要实事求是。

其次，当孩子遇到困难，包括学习知识、技能上的困难，处理生活上的一些小事和朋友之间的一些麻烦等，家长这个时候不要包办，更不要申斥他们为"笨蛋"。要关切地看一看，提示一下，帮一把，让他们感到自己能够做好而努力去做，并从完成任务中得到满足，从而增强自信心。当孩子情绪不愉快，包括受了批评、委屈，或是受了小朋友的冷遇，自己心爱的玩具损坏了或是要做的事情总也做不好时，家长要给予安慰、鼓励和指导。教孩子自己动手把玩具修理好，教他们谅解伙伴或主动与小朋友和好等。

最后，家长要有意识地与孩子商量家里的事情，让孩子当父母的助手和参谋。孩子做好了，一定要谢谢他，即使做坏了也不要嫌他帮了倒忙，而要告诉他怎样才能做好。孩子长大了，可以请他来出主意，如到哪儿旅游，爷爷奶奶过生日买什么礼品，甚至家里什么东西摆在哪儿，等等。这样做会使孩子感到自己是个大人，和父母一样拥有参与“家政”的资格，从而更加尊敬父母，并主动用“大人”的标准严格要求自己。对孩子的事情，只要他们应该做而且能做的事，要放手让他自己去练，不要横加干涉或包办代替，这样才能使孩子从父母的信任中，提高责任感和自信心，增长才干。只要家长不实行“专制”，让孩子觉得父母像自己的朋友一样可以信任，觉得自己在家中有地位，他们就会喜欢这个家，喜欢父母，愿意把心里话说给父母听，也愿意接受父母的建议。

（5）做子女的知心朋友

家长在教育子女时，切忌使用“没出息”“傻瓜”等侮辱性语言，更不要以讥讽语气，来冷嘲热讽子女，冷落子女，这样会抹杀子女的自信心，给子女造成极大的心理压力，阻碍子女的成长和进步，也影响亲子之间的感情交流。而应该像知心朋友那样与子女平等相处，无话不说，共同探讨所有话题。在这样的环境下，子女才会认真看待你的期望和要求。

（6）用正确的语言与孩子交流时，应多用正面而积极的语言，比如不要对孩子说“不要把花捏碎了”，而说“这花朵多嫩呀，宝宝要用手指轻轻地碰它”。不要使用“不”字，因为“不”字会吸引他的好奇心，加剧他想尝试的欲望。

另外，要用孩子能听得懂的话语。例如，孩子在超市看到了一个和家里一模一样的玩具时，他非认为那个就是他的，非要拿回家去，这时你如果对他说，“小汽车现在想妈妈了，它想趁着你不玩的时候，回家去看看妈妈。可是当我们回家时，妈妈保证，它肯定也会回家的!"这样和宝宝交流，他就不会赖着不走了。

(7) 及时转移孩子的注意力

当孩子对某些物品感兴趣时，他会不顾一切地想得到，还会提出一些无理要求，这时你不能粗暴地制止，而是提出一些让他更感兴趣的建议以转移他的注意力并及时带他离开目标物品。比如，当孩子非要拿桌上的水晶球扔着玩时，你可以给他一个皮球，并带他到另一个房间，陪他一起扔着玩。

怎样对待“顽皮”的孩子

所谓“顽皮”的孩子，就是爱惹事生非，爱给家长添麻烦，让人很头疼的孩子，家长再三劝告、批评，效果仍然不好。这样的孩子，就会被人笼统地归结为“顽皮”。顽皮的孩子常招致家长的抱怨：“他跑来跑去，一刻也不得安宁。”“他调皮任性，整天和你对着干。” “他们胆大妄为，随时都会淘出个新花样……”

（1）顽皮不一定都是坏事

在我国，自古以来就认为老实、听话的孩子就是“好乖乖”。因此，顽皮的孩子往往惹人讨厌，认为不会有什么大出息。其实，这种看法是很不全面的。一个顽皮的孩子，往往思维敏捷、精力充沛、生龙活虎，具有独立思考能力和独立活动能力，一旦走上正轨，常常可以变成一个能干的人才。这是唯唯诺诺、缩手缩脚、胆小怕事的“好乖乖”所无法比拟的。因此，对于顽皮、贪玩的孩子不必大动干戈，更不能打骂，注意引导就是了。

孩子从1岁半左右开始大都不再吃母乳了，而依靠各种食物来摄取自身需要的营养。可以说，从这时起，孩子就试着开始了独立自主的生活，他们开始独立行走，视觉、听觉逐步完善，因此开始自己去接触了解丰富多彩的世界，这一切都会引起孩子的好奇心。或者说从此时起孩子开始发展自主性，自主性发育开始的标志就是顽皮。3 岁左右的孩子已基本具备人的各种能力，他们便要求自主。例如，他们拒绝大人喂饭，拒绝大人牵拉走路，愿意自己穿衣、扫地、学做家务，他们常常对父母的话持反对态度。这种顽皮不听话，在心理学上可称"第一反抗期"。这时父母们尤其要有必要的忍耐。如果孩子的顽皮不致造成危险或财产的较大损失，就尽量不要去干涉他们，允许他们冒点儿风险。当孩子独立行事遇到困难时，要适时地帮助他。

孩子顽皮，大都表明孩子性格好动，求知欲强烈。但在多数父母眼里，这样的孩子却是不听话、好争斗、叫人头疼的。例如，陶期的妈妈走进他的房间，差点儿以为走错了地方。原来好好的房间，居然地板上和墙上都涂满了面霜。"你真把我气疯了!"妈妈叫道。陶期赶忙抢着说："妈妈，我在制造一个冬天的景色。这样不好吗?"显然，这种调皮捣蛋的行为违反了妈妈"不能在室内乱画"的家规，又浪费了妈妈的面霜。其实，从某种意义上讲，孩子的不听话恰恰反映他有主见，而所谓好争斗恰恰反映他有进取心。虽然主见多带有主观和无知的倾向，进取心也有些逞强和虚荣心的成分，但这并不能掩盖孩子在顽皮中所表现出来的值得父母赏识和鼓励的闪光点。因此，对于顽皮的孩子，父母要站在赏识的角度上给予正确的引导，可有针对性地带孩子看电影、逛公园、参观展览馆，或者学习唱歌及绘画等。通过多渠道教育，因势利导，更换兴奋点，将他们过剩的精力、体力发挥到适当的活动中去，这样不仅可以满足孩子好动和求知的心理需求，而且可以让孩子学到更多的知识和技能，从而收到更加理想的教育效果。

一般的父母都比较喜欢老实听话的孩子，对顽皮的孩子常感到头痛。其实顽皮对孩子来说，并不是一件坏事。发明家爱迪生年幼时，看到母鸡孵小鸡，就躲进仓库，用自己的肚子去孵小鸡。这种看起来很顽皮的行为，正是爱迪生探索求知精神的体现。有的孩子看到闹钟会报时时，就试图拆开看看，看到父亲刮胡子时，也想试一试……许多顽皮的行为，都可能把整洁的屋子搞得一塌糊涂，把完好的物品拆得七零八落。父母当然很恼火。其实，顽皮的行为，从心理学来看就是一种求知欲，对孩子来说，就是好奇心，儿童心理学认为好奇是“知识之门”，是“萌生科学的幼芽”，对好奇心给予了极高评价。如果父母们采取训斥、限制甚至打骂等粗暴态度，那么孩子的求知欲就会受到挫折和压抑，由此，孩子可能变得小心翼翼、缩手缩脚，甚至造成消极的性格。

顽皮的孩子不一定是坏孩子，他们长大后，在社会上的成就可能远远超过处处听话的孩子。

（2）限制孩子的过度“顽皮”

对于孩子的顽皮行为，家长要有宽容、理解的心。孩子由于认知能力发展的限制，往往把别人的家当做自己的家看待。他们的控制力比较差，只顾玩得高兴，为所欲为，加上孩子天性好奇，这捅捅那动动，把玩具摔了、拆了都不稀奇。此外，一群孩子在一起，相互模仿，彼此比赛，比单个孩子要顽皮得多。

不过，顽皮归顽皮，毕竟不是恶劣的坏行为，只要不是经常地出自愤怒、残忍或怀有恶意的、会使人身体受到伤害的行为，家长都应当大度一些、宽容一些，从孩子的成长过程来看，顽皮行为是天生的，它是孩子不断走向成熟的必要“演出”。

话又说回来，如果孩子“顽皮”的后果是严重的，则不应姑息。孩子一旦陷入了难以自拔的地步，家长必须采取催人警醒的断然措施，让孩子“猛回头”。

希区柯克是英国著名电影导演，他成功地把性感、悬疑和幽默融合在电影里，创立了惊悚文艺类影片，对世界电影产生了巨大影响。这位电影天才，小时候却是个十分顽皮的孩子，让父母伤透了脑子。4 岁时起，他就与伙伴们打闹，搞恶作剧，捉弄别的孩子。他有时故意把东西摔坏，有时异想天开从高处跳下来，他还故意把邻居的玻璃打碎，把别人的孩子打伤……几乎天天在外面惹是生非，经常可以看到怒气冲冲的邻居找到家里来，向他的父母告状。结果是：他的父母向对方赔礼道歉，赔偿经济损失，或支付受伤孩子的医疗费。

稍大之后，他脑子里稀奇古怪的想法使他铤而走险。8岁时，因为幻想要做一个探险家，便成天不把心思放在学习上，而是寻思着怎样去旅行。于是，他终于瞒着家长，乘公共汽车去了伦敦，想从这里开始环行世界。这样的"探险"不仅令家人捏了一把冷汗，还造成了家庭经济上的负担。一气之下，父亲狠狠揍了他。

父亲一直在寻找教育这个顽劣儿子的机会和方法。为了惩罚这个惹祸的儿子，一次他在愤怒之后，突发奇想，决定用一种希区柯克意想不到的办法来惩戒他。令父亲没有想到的是，这个办法还真起到了作用，使孩子有机会审视自己的所作所为。

一天，父亲将一封写好的信交给希区柯克，对他说："这封信非常重要，你必须把它送到信封上写的这个地址，而且亲手把信交给收信人。你不得有误，否则就将承担后果。"本来就想在外面乱跑的儿子，接到这封信后，高高兴兴地去了。他按信上的地址，找了很久，才找到一所房子前，门口正站着一个警察。他一打听，这个警察正是收信人。于是，他把信交给了这个警察。警察看了信后，很严肃地说："你叫希区柯克？"希区柯克道："是的。""请跟我来吧。"警察面无表情地说。希区柯克跟着警察走进里面，万万没有想到的是，他被警察关进一间房间里。"这是为什么？"希区柯克不解地问。"因为你的父亲告诉我，你从小到大经常犯错误，屡教不改，给家人造成不小的精神压力。为了让你记住过错，思考今后的打算，你的父亲希望关你的禁闭，以示警戒。"然后，警察添了一句："我们就是这样处罚不听话的孩子的。"

希区柯克在禁闭室虽然只关了10分钟，但他受到的影响却是巨大的。在禁闭室里，他回忆起自己的所作所为，明白了父亲让他送信的苦衷，知道自己的过错使家里人到了忍无可忍的地步。从这之后，他决心好好学习，不再冒失。经过努力，小学毕业后，他的成绩逐渐好了起来，被父亲送到伦敦圣伊格纳修斯学校学习。在这里，他开始接触艺术，并最终走上了艺术之路。

希区柯克父亲的教育方法，也许是一个独特的例子。但却说明，对于过分顽皮的孩子，采取适当而有效的措施加以矫正，也是完全有必要的。

顽皮的孩子经常“闯祸”，以下三点建议供父母参考：

一要宽严并济。古人云，文武之道，一张一弛。对待顽皮的孩子也应该这样。该宽的时候，就应该宽一些。比如要给孩子安排足够的玩耍时间，家长也应抽时间和孩子一起玩，使孩子感到父母是通情达理的、可敬可爱的，就会逐渐养成“该玩就玩，该学就学”的习惯。当孩子玩“野”了的时候，又要及时提出严格要求，并使孩子感到这种要求是合情合理的，应该做到并能做到的。一旦对孩子提出了要求，就要督促、帮助孩子坚决做到，并严格检查实际效果，使孩子意识到父母所坚持的原则和做法是不容违背的。只有这样，才能达到严格要求的目的。可是，常常见到有些家长随意对孩子提出过严、过多、过频的要求：一、三、五学钢琴，二、四、六学绘画，还要抽空学围棋、舞蹈等，使孩子没有一点儿自由支配的时间，久而久之，孩子就疲沓了，甚至用一套虚假的办法来应付父母。

二要奖惩兼施。对孩子来说，奖励和惩罚都是说理教育的辅助手段，但奖励往往更为有效，因此应多奖少罚。尤其是顽皮的孩子，一般都比较聪明，自尊心较强，父母切不可打击、挫伤孩子的积极性和自尊心。家长要更多地了解并尊重他们，要看到他们的优点和长处，只要孩子说得对，做得正确，就应该给予充分的肯定。在孩子表现特别突出的时候，要及时表扬，还可以给予必要的物质奖励，如购买他们最喜爱的玩具和学习用品等。但奖励一定要恰到好处，过于频繁或雷同，反而会使孩子不感兴趣，失去奖励的意义。如果孩子特别顽皮，屡次外出惹乱子，或者玩得太“野”，根本就无法静下来，或者打架骂人，做了错事等，家长就不要一味无原则地迁就。要在调查核实的基础上，严肃认真地提出批评，或者辅以适当的惩罚，以加深孩子的印象。

三要家长统一思想。当爸爸或妈妈要以惩罚的方式教育孩子的时候，家庭其他成员的思想一定要统一，千万不要父母要"罚"，爷爷奶奶要"保"，结果让孩子吃了苦头，还没有起到惩罚的教育作用。

别让“自私”害了孩子

龙龙在家里有自己专门的房间，房间里有一个小书柜和两个玩具箱。小书柜里已经装满了书，有画画书、故事书、迷宫书、手工书等，因为从他五个月的时候，妈妈开始给他订阅婴儿杂志、买各种图画书，到现在不仅积累了一柜子，而且龙龙读过的书也有一箩筐了。两个玩具箱都装满了玩具，有手枪、飞机、坦克、小士兵、火车、各种动物、各种积木等，平时龙龙就喜欢自己玩这些玩具，一边玩一边用自己的小嘴巴伴奏，“砰砰砰”“啪啪啪”“轰——”，玩得不亦乐乎。

一天，亲戚家的一个小哥哥来串门，妈妈把他领到龙龙房间，让龙龙跟他一起玩玩具。看到有这么多好玩的玩具，小哥哥喜上眉梢，禁不住随手拿起一辆小汽车开始玩。谁知龙龙看见了，立刻跑过来，一把夺过小汽车，大声嚷嚷道：“这是我的！”小哥哥见状，不理会小汽车，伸手去拿小飞机，龙龙又一把夺了回来，理直气壮地说：“这也是我的！”不管哥哥拿什么玩具，龙龙总是不让。最后，哥哥索性不玩玩具了，他打开小书柜，取出一本图画书，可是，龙龙还是不肯……

龙龙的行为，就是典型的“自私”。

自私是一种不成熟行为。自私的儿童过分关心自己，只注意自己的欢乐和幸福，很少考虑他人，一切以满足自己为主。其结果，不仅使他人感到寒心，也使自己受到损害。

（1）自私产生的原因

孩子自私，有先天的原因，也有后天的原因。但归根到底是后天教育的结果。为了克服孩子身上的“自私”性，父母必须在教育上下功夫。

一是天生的利己倾向。从人的发展来看，婴儿期是以自我为中心时期。这是动物进化过程中的一种生存本能的反应。2～5岁的儿童正在发展从多种角度、多种立场考虑问题的能力。最初，他们在观察事物和考虑问题的时候，还不能超出他们实际所看到的。他们没有认识到人们从各种不同的立场，以不同的方式在看待同一个事物，他们很少知道别人会有与他不同的情感。因此，儿童在对待事物和他人的时候总是直接地联系自己，一切以自我为中心。

二是后天的教育误区。孩子自私，也与父母在儿童成长过程中的错误教育有关。具体表现在两个方面，一是面对孩子的思想、行为反复无常、表里不一时，对孩子嘲讽、鄙视，使孩子产生畏惧心理，缩回自己的小圈子里，结果必然导致自私的产生。二是过分宠爱，爸爸妈妈总怕孩子吃一点儿苦、受一点儿委屈，对孩子过分的需求总是有求必应，容忍、迁就孩子的错误，这样使孩子很自大，不关心他人利益，一切为自己。这是爸爸妈妈的过分宠爱助长了孩子的自私。

（2）怎样让孩子不“自私”

虽然孩子的天性是自私的，但随着年龄的增长，他们也开始慢慢认识到除了自己以外，还有别人的存在，在想到自己的同时，必须要想到别人，这是一个很长的过程。父母的责任是训练儿童逐渐摆脱自我中心的束缚，逐步养成利他行为。

一要培养孩子的“公德”意识。家长们都期望孩子成为文明、善良、有高尚公德的人，而实现期望是从现在做起、从我做起、从每个家庭做起。为克服孩子身上的“自私”毛病，家长要特别注意培养孩子的公德意识，从小培养孩子要像爱护自己的东西一样对待公共财物，教育孩子在外边要爱护公共设施，保护文物古迹，不乱写乱刻；教育孩子分清是非，热爱环境卫生，杜绝随地吐痰和乱扔废弃物的行为；教育孩子关心公益事业，助人为乐，家庭要与孩子一起为公益事业做力所能及的事情，要以我们的善良与同情心熏陶孩子，使他们从小有一颗美好的心灵。

二要教育孩子学会分享。孩子产生“自我中心”的心理，大多数根源于父母的私爱和溺爱。为了不让孩子的爱心枯竭、泯灭，家长不仅要爱孩子，更重要的是让孩子学会爱。溺爱是父母与孩子关系上最可悲的事，用这种爱培养出来的孩子不肯把爱心献一点儿给别人。因此，父母在爱孩子的时候，应该教孩子学会与人分享。与别人分享好吃好玩的东西，对别人说一些关心体贴的话，同情并帮助有困难的人，不计较别人的过错，对别人能够宽容和谦让……孩子的爱心就是通过这样一次次的行为模仿和强化而逐渐形成的。

为了培养孩子学会分享，家长首先要做到不让孩子搞特殊化。在家庭生活中要形成一定的“公平”环境，这无疑对防止孩子滋长“独享”意识有积极的意义。爸爸妈妈还要教育孩子既看到自己也要想到别人，知道自己与其他成员是平等的关系，自己有愿望，别人也一样有愿望，好东西应该大家分享，不能只顾自己不顾别人。

其次，家长应该充分了解孩子希望获得他人东西的心理特征，通过移情训练，让孩子站在他人的角度去思考问题，引导孩子与他人分享自己的东西。一位父亲是这样教孩子的：

一次，家里买了花蛤煮汤。儿子特别喜欢吃花蛤，汤一上桌，他就把里面的花蛤全捞走了。爸爸批评他，可他还振振有词地说：“人家喜欢吃嘛，爷爷、奶奶也不喜欢吃，他们都要让我吃。”其实，爷爷、奶奶不是不喜欢吃，只是孙子喜欢吃什么，他们就全让给他吃。于是，爸爸故意把他碗里的花蛤夹到自己碗里，并说：“爸爸也喜欢吃花蛤，你的这些花蛤让给爸爸吃好了。我知道你是个乖孩子，肯定会答应的，是不是?"听爸爸这样说，儿子有点儿不高兴，可过了一会儿，他却说："爸爸，你不是说，有好吃的东西要和别人一起分享?你怎么把花蛤全拿走了?"爸爸心中暗暗高兴——儿子"中计"了，便趁机表扬他："儿子说得真好，真是个懂事的孩子。现在，你把这些好吃的花蛤分给大家吃，好吗?"这时，爷爷、奶奶也意识到孩子的爸爸是在有意教育孩子，当孙子把花蛤夹到他们碗里的时候，他们也配合得很好，急忙夸奖他。受到大家的表扬，孩子的脸上露出了得意的笑容，好像做了一件多么了不起的事情，感受到与人分享的快乐。

父母要培养孩子的分享习惯。在家里，可以让孩子为家人分苹果、分橘子等，教他先分给爷爷、奶奶等长辈，再分给爸爸、妈妈，然后才分给自己。在这种分东西的过程当中，孩子不仅学会了与人分享，而且明白了应该尊敬长辈、关心父母。

然而，一些父母宁可自己受苦也不愿让孩子吃苦，好吃的、好玩的、好用的尽数都往孩子面前堆。虽然他们也担心孩子会发展为不关心别人的人，但在行为上却不会与孩子分享。更有甚者，孩子诚心诚意请父母一块吃东西，父母却推辞说："你吃，妈妈不吃!"甚至斥责孩子："让你吃你就吃，像什么样子?"就这样，孩子与人分享的好意被父母给扼杀了。久而久之，孩子也就不会与人谦让和分享了。

让孩子的心胸宽些，再宽些

雨果说过：“比海洋宽阔的是天空，比天空更宽阔的是人的胸怀。”宽厚的品质可以容纳朋友，可以化解冲突，可以把事办得更圆满。宽厚的孩子不惹事生非，不小肚鸡肠，不给父母添麻烦。让孩子养成宽厚、谦让的美德，不仅是道德的要求，也是成就大事的需要。品德宽厚的孩子长大后更容易成就非凡的事业。

宽厚是一种优秀品质，也是我国的传统美德，它的特点就是设身处地为别人着想。东汉时，有个叫孔融的小孩，他有哥哥，也有弟弟，兄弟们常常为争抢好吃的而吵闹。孔融 4 岁时，有一天父亲买来一些梨放在桌上，让孩子们自己挑选。那些大大小小的梨黄澄澄的，散发着淡淡的清香，好诱人啊！孔融这次第一个拿梨，只见他伸出小手，专门挑了最小的一个。父亲奇怪地问：“孩子，你为什么不拿大梨而挑小的呢?”孔融歪着小脑袋，天真地说：“我年纪小，应该吃小的，大的留给哥哥吧。”父亲又问：“那弟弟们不是比你更小吗?”孔融说：“跟弟弟相比，我是哥哥，大的应留给弟弟。”父亲听了孔融的话，高兴得竖起了大拇指。而他的哥哥们却惭愧地低下了头。孔融这种谦让的美德，流传至今，一直受到人们称赞。

然而，现实生活中，一些孩子唯我独尊，自以为是，处处以自我为中心。例如，有个叫素素的孩子虽然学习成绩优秀，并有很多值得骄傲的地方，但却存在一个致命的缺点——心胸狭窄，她容不得别人比她强，受不了老师的一点儿批评。因此，她和同学的关系很紧张，有时也会跟老师闹矛盾。上幼儿园时，她经常为了一些小事和小朋友发生矛盾。有一次，她和一个小朋友争吵起来，老师批评了她，便觉得自己很委屈，回家又哭又闹，逼着妈妈给她转幼儿园。妈妈拗不过她，只好给她换一所幼儿园。

上了小学，素素的老师都挺喜欢她，但她心胸狭窄的坏毛病还是没有改。班上如果某个同学在哪方面超过了她，她就会非常气愤，想方设法打击、报复或者诽谤人家，以发泄心中的不满，同学们知道素素有这样的毛病，都疏远她。素素也不能接受老师的批评，一次，老师说她学习好，工作能力强，就是工作方法上存在一些问题，同学关系有时会出现一点儿紧张，希望她能稍微改变一下。老师说得很委婉，也很诚恳，但心高气傲的素素哪里听得进去。为了这件事，她一连几天吃不下饭，也不说话。她觉得太不公平了，老师怎么能这样对待自己呢？

心胸狭窄是当今社会许多孩子身上存在着的弊病，常常表现为：极度的感觉过敏，耿耿于怀、斤斤计较；思想行为固执死板，敏感多疑、心胸狭隘；爱嫉妒，对别人获得成就或荣誉感到紧张不安，妒火中伤，不是寻衅争吵，就是在背后说风凉话，或公开抱怨和指责别人；自以为是，自命不凡，对自己的能力估计过高，惯于把失败和责任归咎于他人，在生活和学习上往往言过其实；同时又很自卑，总是过多过高地要求别人，但从不信任别人的动机和愿望，认为别人存心不良；不能正确、客观地分析形势，遇到问题容易从个人感情出发，主观片面性大。

不得不承认，社会环境和错误的教育方式，让如今越来越多的孩子变得“小气”了。有的孩子在家是三代独子，从小所有的亲人都非常宠爱他。这种家庭环境使他变得以自我为中心，心胸狭小，凡事都从自己的角度去考虑，一旦有人侵犯了他，不管人家是有意还是无意，他都绝不轻饶。下课时，同学不小心踩了他一脚，他会认为这是故意的，非要走上前去踩别人两脚以示报复不可。

更有甚者，因为心胸狭窄而走向极端。某校一位初一学生，在上学的路上带着“随身听”边听边走，被路上一名同学开玩笑抢了过去。这个学生感到自己很没面子，第二天就纠集了两个社会上的“朋友”，将那名同学的鼻梁打成了粉碎性骨折。

心胸狭窄问题的形成，是由多种原因造成的，生物遗传、早期经验、家庭教育和社会环境等方面的因素都会对此产生影响。其中，家庭环境和教育显得尤为重要。有些心胸狭隘的学生往往在幼年时就已经表现出这方面的缺陷，若家长和教师不善于引导他们，使他们改变这些不良性格，将来就有可能造成终生的遗憾。所以，我们应该全力以赴，及时发现孩子的不足，给予及时的矫正和引导。

(1) 培养豁达性格

许多家长只关注孩子的身体健康和学习，而忽视了对孩子性格的培养，尤其是豁达性格的培养。有些家长甚至错误地认为，孩子的性情是天生而来的，后天培养回天乏力。儿童心理学家指出：心胸狭窄的性格不是天生的，父母和家庭教育对孩子这种性格影响很大，其中过分溺爱是重要原因。过分溺爱孩子的教养方式，表现为大人对孩子无微不至地呵护，无节制地满足，无原则地让步。孩子成了家里的“太上皇”，家长对孩子百依百顺，使孩子养成了凡事以自我为中心的毛病，在学习上总认为自己应该比别人强，当竞争不过别人时，就嫉妒别人。专制型的教养方式也会使孩子变得心胸狭窄。在专制型家庭中，家长说一不二，独断专行，孩子大多唯唯诺诺。但是，长期下去，有的孩子就会走向另一个极端。

(2) 为孩子树立榜样

家长要注意培养孩子宽广的胸怀，使孩子学会容忍别人的错误和进步，培养孩子宽容豁达大度的美德。在日常生活中，引导孩子凡事多从别人的角度去考虑，将心比心，这样慢慢地孩子就会理解他人，消除彼此间的隔阂。宽容大度的美德是在日常生活的小事中逐渐培养的。首先，家长可以教育孩子珍惜父母的劳动，让孩子体会父母的辛苦，学会理解父母，尊重父母。平时在家里、学校或公共场所，孩子也会碰到许多令人不快的情况，如同学弄坏了自己的东西，在拥挤的公共汽车上被人踩了一脚等类似的事，这时，家长要引导孩子谅解对方，而不是不依不饶、以牙还牙。家长在自己做到心胸宽广的基础上，还可以找一些历史典故讲给孩子听，使孩子从中受到启发。当孩子与伙伴发生矛盾的时候，家长不要不问青红皂白就去训斥别的孩子，而应让孩子自己解决问题，教育孩子主动去找对方化解矛盾，以一种宽容的态度去对待别人。

（3）让孩子学会理解他人

告诉孩子，与同学相交、和朋友相处，完全没有必要求全责备。完全可以求同存异，只要同学和朋友的缺点不是品质方面的。对于朋友的缺点和不足，对于同学心情不好时所说的话和所做的事，我们没有必要斤斤计较，事事都摆个公平合理。多原谅一次人，多给人一次宽容和理解，同时也就让自己多找了一份好心境，也会使自己觉得在个性完善的道路上又向前迈进了一步。

（4）教孩子学会换位思考

就是指当双方产生矛盾时，能够站在对方的角度上思考问题，思考对方何以会如此行事、如此说话。如果真的能够做到这一点的话，就能够理解对方，并能够减少很多不必要的矛盾。许多孩子只习惯于从自己的角度思考问题，而不习惯站在别人的角度上思考问题。要消除这种现象，办法就是要学会"换位思考"。

（5）让孩子多与同伴交往

大量的人际交往和沟通，可以渐渐消除对他人和周围环境充满敌意和不信任。孩子与孩子之间要会互相包容，经常要提醒孩子不要限于"敌对心理"的旋涡中，懂得只有尊重别人，才能得到别人尊重的基本道理。

（6）鼓励孩子接受新事物

父母要引导孩子见识新鲜事物，让孩子喜欢并乐意接受新鲜事物，承受事物所发生的意想不到的变化，善于知变和应变。如让孩子了解各种奇观奇景，观察生活日新月异的变化，允许孩子独辟蹊径地解决问题。孩子一旦习惯于“纳新”和“应变”，他对世间的万事万物也就具备了宽容之心。

别让孩子太冷漠

华华是一个 12 岁的女孩子，平时能歌善舞，又写得一手漂亮的字，大家都称她为“小才女”。但华华性情孤傲，对人总是爱理不理，别人主动和她说话，她也摆出一副居高临下的样子，结果渐渐失去了朋友。父母觉得这样下去不好，就劝她多和别人交往，对别人热情一点儿，可华华却说：“别人怎么样，关我什么事?”她觉得凭自己这么优秀的条件就可以受到众人喜爱，又何必费劲去关心和别人如何交往的事呢?

不得不承认，华华的性情过于冷漠了。对他人漠不关心，不对他人付出友爱，总认为自己一个人照样可以过得很好，这种心胸确实太过狭隘。然而令人遗憾的是，华华的现象并不是个别的，据有关机构的一项调查显示，当前学生中普遍存在着一种冷漠的心态。

冷漠心态是人际交往的障碍。人与人的交往不仅仅是物质的交流，是信息的沟通，而且也是心灵与情感的互动。当孩子过于冷漠，别说他对陌生人的疾苦不闻不问，缺乏起码的同情心，他还会嘲笑残疾人，咒骂乞丐，刻薄地伤害同学、朋友，甚至至爱的双亲。在这样的心理状态下，他又怎能获得友情，在这个世界上快乐生活呢?

少年儿童时期是情感发展的重要时期，而冷漠则是情感发展的障碍。情感包括很多要素：良好稳定的情绪、责任感、集体主义情感、同情心等。冷漠心态不可能保持积极的、愉快的情绪，它与责任感、集体主义情感背道而驰，缺乏起码的同情心，也不可能产生对美好的真切体验和憧憬。

（1）孩子冷漠的原因

找到孩子冷漠的原因，有助于家长提高认识，改变心态，并且有针对性地进行帮教。这些原因包括：

一是娇生惯养。如今，孩子是家里的“上帝”，是父母的“太阳”，是长辈们的“心肝宝贝”，由于对孩子总是呵护的多，依赖的少，以致他们因娇生惯养而始终难以走出“温床”，使他们自私心理严重，产生唯我独尊的思想。特别是在家里高高在上，不知道关心他人，一旦遇到突发事件，便不知所措，无法担起应有的责任。

二是缺少教育。由于学校总是把学生的学习放在首位，而对学生缺少思想教育和道德培养，以及应对困难和逆境的处理，致使家长也以“学分至上”，忽略对孩子道德品质的培养。许多孩子只知道“一心只读圣贤书，两耳不问窗外事”，对其他的要求一无所知。

三是社会影响。如今，社会上并不缺少“漠视别人”的现象。这种不良风气对孩子产生了负面影响。可以说，无论是在身边，还是媒体中，当别人受到侵害时，周围人袖手旁观的事情时有耳闻。正因为这些“错误镜子”，使孩子难以看到自己身上存在的缺陷。

（2）冷漠的危害

对他人的遭遇冷漠以对，会对孩子的生活和人格造成危害。主要表现在以下两个方面：一是心态扭曲。麻木的心态容易使孩子压抑自己的热情和活泼的天性，造成心灵的扭曲。麻木的心态也容易使他们把自己从人与人之间互相依赖的密切联系中割裂开来，以“超脱”的“看透者”自居，以一种不以为然的、讥讽的、嘲笑的眼光看待一切，形成“事不关己，高高挂起”的人生态度，成为玩世不恭、消极混世的自怜者。二是妨碍交往。冷漠的心态使孩子不能深入到学校的集体生活中去，不能和老师、同学、同伴心灵相通，看不到集体生活的本质和真谛，看不到人的心灵深处那些高尚美好的东西，看不到真正的生活和真正的人生，看不到未来的希望和曙光，看不到挚友和知音，内心深处充满孤寂、凄凉和空虚，从而阻碍其心灵的健康发展。

（3）怎样融化孩子的冷漠心

冷漠是一种情感扭曲，要融化它，同样需要用情感去加温。孩子也是有感情的，只有父母和社会下了功夫，就一定会转变过来。

第一，要训练孩子的同理心。

这一点最重要。所谓“同理心”，是指能站在他人的立场上，从他人的角度去思考问题，去体验情感，能设身处地想他人之所想，急他人之所急，乐他人之所乐。例如，可以开展“假如我是……”的角色换位活动，使孩子理解、体验假想角色的内心感受，改变原来的冷漠态度。一位下岗职工的孩子正是通过“假如我是下岗的妈妈”的角色换位活动，体验到妈妈的烦恼，认识到妈妈的不容易，从此改变了原来的做法，与妈妈的心贴得更近了、更亲了。

孩子如果能设身处地想他人之所想，急他人之所急，乐他人之所乐，就会有一种开放的胸怀，而这对孩子的一生都有益。

第二，让孩子到生活中去感受。

家长要带领孩子到生活中去感受“热心”的暖流。如捐助灾民的义演活动；社会各界为“希望工程”的捐助活动等；老师、家长应创造条件、提供机会，让孩子去感受这些活动。

第三，要强化孩子的“热心”行为。

当孩子给上坡的三轮车助上一把力、当孩子把自己的新书送给贫困地区的友伴、当孩子为正在发愁的妈妈送上一杯茶，当孩子出现这些热心行为的时候，及时给予表扬、鼓励。强化孩子热心行为的同时，就抑制了其冷漠心态的生长。

第四，鼓励结交朋友，建立友谊。

孩子的成长离不开健全的朋友氛围，孤独是人类的不健康的情感体验，战胜孤独是顺利成长的前提。在矫正孩子冷漠心理的时候应强调这样的观点：缺乏真正的朋友就会孤立无援，没有友谊的人生是一片荒野……家长应帮助孩子打开尘封的心，化解冷漠，摆脱“小我”，走入集体。

第五，让孩子多接触大自然。

如果有时间，家长可带着孩子，邀几个亲朋，到郊外去转一转，呼吸新鲜空气，这些都有利于将情感融入山水之中、田野之上，让自然之美来消除胸中的苦闷和抑郁。父母还可以引导孩子欣赏艺术，忘却自身的苦恼，从而使其在心理上得到放松。这些都是改变孩子冷漠心态的好方法。

孩子爱嫉妒不可取

文文的生母去世了，爸爸又结婚了。后来，继母生了一个小妹妹，全家人的注意力都转移到小妹妹身上，甚至无意中还和文文开玩笑："瞧小妹妹多可爱，爸妈不喜欢你了！"文文信以为真，开始嫉恨妹妹，偷偷地打妹妹……

英英是一个3岁的女孩，脸上有一大块胎痣，时常听到别人说她"阴阳脸"，就心存恼怒，天天照镜子，对别的孩子产生了嫉妒心，有一次，她甚至抓一把泥抹在别的孩子脸上。妈妈告诉她："胎痣是天生的，电视里常看到黑人、白人，他们也是天生的，这没有关系。你有许多优点，你的眼睛好看，脸长得很美，会唱歌，又会帮助大人做事，很能干。"英英长大了很勤奋，学习刻苦，小学及中学阶段都是品学兼优。

从上面的例子可以看出，孩子在一定条件下都会产生嫉妒心理，这是与生俱来的本性。不同的是，文文的家人没有注意到这一点，无意中激起了孩子的嫉妒心，而英英的妈妈通过诱导，将孩子嫉妒别人的消极因素转化到积极方面，使孩子向好的方向发展。

所谓嫉妒，是人在交往的过程中，发现自己的才能、名誉、地位、待遇以及生活享受等各个方面不如别人，因而产生了羞愧、愤怒、怨恨等感受，组成一种复杂的情绪状态。嫉妒之心，人皆有之。生活中常见到两三岁的孩子看到妈妈抱起别人家的孩子，他就会很快地跑过去，闹着要求妈妈抱自己，这也是一种嫉妒心理的反应。

孩子的嫉妒心理是一种可以理解的正常情绪反应，但对于家长来说，这并不意味着可以采取听之任之、放任不管的态度。如果孩子长期处于嫉妒这种消极不良的心理体验之中，情绪上便会产生压抑感，久而久之，就会导致器官功能减弱，机体协调出现障碍。而这种障碍又会加剧不良的心理体验，使孩子产生诸如忧愁、怀疑、自卑等不良情绪，从而形成恶性循环，造成不同程度的身心损伤。此外，嫉妒还会影响孩子对事物进行正确客观的认识，使孩子产生偏见，产生怨天尤人的思想，影响孩子与他人的正常交往，最终抑制孩子社会性的发展。

（1）儿童嫉妒心理的特点

儿童的嫉妒有着独特的心理特征，它是对小伙伴中在智能、名誉、地位、成就及其他条件比自己强或比自己优越的孩子怀有的一种不安、痛苦或怨恨的情感。主要表现为以下几点：

一是鲜明的主观性。孩子的嫉妒心理，具有强烈而鲜明的主观色彩。因为孩子认识事物一般都是从自己的角度出发，往往会以是否符合自己的意愿为标准，简单地对事物进行分类。当其他孩子比自己强或拥有自己所没有的东西时，就会因外界的事物不符合自己的意愿而造成他们心理上的嫉妒。

二是明显的外露性。孩子一旦产生嫉妒心理，很快就表露出来。这是儿童嫉妒心理与成年人嫉妒心理最主要的区别。成人往往会考虑各种因素而尽量掩饰自己的嫉妒心理，而孩子一般会通过具体的言行直率地表露自己的嫉妒情绪，他们通常不会考虑自己的嫉妒是否会引起别人对自己的不良评价等后果。这个特点有助于家长及时发现问题。

三是直接的对抗性。孩子不会拐弯抹角，不会间接地发泄自己心中的不满。产生嫉妒时，他们往往会直接地将自己的不愉快情绪归责于所嫉妒的人，进而对引起他嫉妒的人或事做出直接的对抗行为，以发泄心中的不满。例如，直接打骂对方，如上述的文文一样，或毁坏令他嫉妒的具体物品等。

（2）纠正孩子的嫉妒心理

嫉妒对孩子各方面的成长都会产生消极的影响。家长应及时疏导，以免发展下去使孩子养成古怪、多疑、粗暴、自卑、执拗或自暴自弃等毛病，这对孩子的成长十分不利。

一是建立和谐的家庭环境。嫉妒心理的产生，虽然原因很多，但从根本上讲，是基于孩子自身的消极因素和外部环境的消极因素相互影响、相互作用而产生的。如果在家里，成人之间互相猜疑、看不起，或当着孩子面议论、贬低别人，会在无形中影响孩子。因此，父母应当在家庭中为孩子建立一种团结友爱、互相尊重、谦逊忍让的环境气氛，这是预防孩子产生嫉妒心理的重要基础。

二是了解孩子嫉妒的起因。孩子认识水平有限，对他人拥有而自己不具备或无法拥有的东西，往往由羡慕转化为嫉妒，这其实是很正常的现象。家长平时应多和孩子接触，及时掌握孩子嫉妒的直接起因，如东东会唱一首我不会唱的歌，方方有一辆新玩具车等。只有了解了孩子嫉妒的起因，才能从具体事情着手解决孩子的嫉妒心理。这是化解孩子嫉妒心理的前提。

三是倾听孩子的心理感受。孩子的嫉妒是直观、真实的，也是简单、明了的，只是对自己愿望不能实现而产生的一种本能心理反应，不会掺杂诸多的社会因素。因此，父母切勿盲目对孩子的嫉妒行为进行批评，要耐心倾听孩子的苦恼，理解他们无法实现自己的愿望所产生的痛苦情绪，以便使孩子因嫉妒而产生的不良情感能够得到宣泄。

四是正确评价孩子。孩子都喜欢大人的表扬和鼓励。表扬得当，可以巩固其优点，增强他的自信心，促进他不断进步；如果表扬不当，或表扬过度，就会使孩子骄傲，进而看不起别人，认为只有自己好，别人都不如自己，甚至当有人说别人好而没说他好时，他就难以接受。这是因为孩子的认识水平有限，对自己的评价是以成人对他的评价为标准的。因此，父母要正确评价自己的孩子，不能因疼爱和喜欢，就对孩子的品德、能力的评价随意拔高，过分赞赏，以免孩子对自己产生不好的印象；要适当地指出他的长处和短处，使孩子明白人人都有长处和短处，小朋友之间要互相学习，帮助孩子正确评价自己。

五是帮助孩子找差距。如果是因为别的孩子比自己强而产生嫉妒心理，父母应帮助孩子全面分析造成孩子和所嫉妒对象之间的差距产生的原因，这些差距能否缩短，以及缩短差距的途径和方法，以便使孩子能正确与他人进行比较，以积极的方式缩短实际存在的差距，最终化解内心的不平衡。

六是对孩子进行谦让教育。有时，嫉妒产生在有一定能力的孩子身上，孩子往往因为自己有能力而没有受到注意和表扬，因而对那些受到注意和表扬的小朋友产生嫉妒。所以，在纠正嫉妒心理的同时，还必须对孩子进行谦逊美德的教育，让孩子懂得“谦虚使人进步，骄傲使人落后”的道理。让孩子明白即使别人没有称赞自己，自己的优点仍然存在，如果继续保持自己的长处，又虚心学习别人的长处，自己的才干就会更强，就会真正地长久地得到人们的喜爱。

七是引导孩子树立正确的竞争意识。嫉妒心理的孩子一般都争强好胜。父母要引导和教育孩子用自己的努力和实际能力去同别人相比，竞争是为了找出差距，更快地进步和取长补短，不能用不正当、不光彩的手段去获取竞争的胜利，要把孩子的好胜心引向积极的方向。

孩子爱吃独食怎么办

张张4岁了，长得白净可爱，透着机灵，总是笑眯眯的，非常招人喜欢。有一次，爸爸带回了好吃的北京烤鸭，妈妈把鸭子切好盛到盘里摆到饭桌上，喊大家来品尝，张张第一个跑出来，妈妈笑着对他说："这可是北京的鸭子，很好吃哦！"他看着桌上的鸭肉，突然用两只胳膊盖住盘子，大声说："不许你们吃！"

一天，妈妈陪张张在街上蹬小车。邻居家的奶奶走过来，送给张张一大把红枣。张张非常高兴，把枣子放进了自己的车筐里。恰巧这个时候，隔壁的荣荣走了过来，荣荣和张张年龄相仿，平时两个小家伙也经常在一起玩。她看见车筐里的大红枣，就伸手抓了一把。谁知张张看见了，坚决不同意，转身就要把枣子抢回来。妈妈赶紧抓住他的胳膊，告诉他："荣荣是你的好朋友，好朋友应该一起分享大红枣啊！"可是他根本听不进去，虽然因为妈妈拽着他的胳膊他没办法把枣子抢过来，可是他却变得非常气愤，于是就生气地把车筐里的枣子一把把抓起来，狠狠地扔到了地上……

像张张这样喜欢吃独食的孩子，如果不加以纠正，将来就有可能变得自私，做任何事情都喜欢以自我为中心，不考虑他人的感受，进而影响交往能力，让他变得不受欢迎。

如果家长总让孩子吃独食，从小养成吃独食的坏习惯，对于尚不明事理、分不清是非的孩子来说，逐渐会使他们感到，好吃的就该自己吃，自己想吃什么就吃什么。渐渐地，在他们的心目中，只有自己而不会想到他人，更谈不上集体，他们只知道接受别人的爱，却不会去爱别人，在他们看来，这一切都是理所当然的。这是一种自私心理的萌芽，这种不良的心理萌芽，也会反映在其他方面，并逐渐发展成以自我为中心，一切要自己说了算，一切要别人围着自己转，当自己的愿望得不到满足，便大哭大闹大发脾气。这对孩子的成长和身心健康极为不利。

其实，孩子吃独食多与大人溺爱纵容有关。“都是独生子女，再穷不能穷了孩子。”所以，绝大多数家长的想法是：好的都给孩子吃，对孩子百依百顺，于是孩子便养成了唯我独尊、不愿意与人分享的习惯。习惯一旦养成，会让孩子产生一种错觉：自己就是家中的小皇帝，吃独食也理所应当。因而不懂得孝敬父母，不懂得尊重别人，一旦有了好吃的，父母或他人与之共享时，他会不理解甚至拒绝。问题虽小，任其发展却会有大的影响，不仅会影响孩子的心理健康，还会影响孩子今后的为人处世，甚至养成贪婪和自私的性格。而这种日积月累的坏习惯一旦养成，待到长大了再来矫正，就很难了。

那么，怎么克服孩子的这个缺点呢？

（1）言传身教

对于孩子，仅仅靠讲道理是不够的。从根本上来说，最重要的是当长辈的要先做出榜样，如果夫妻两人彼此恩爱、相敬如宾，有了好吃的你想着我、我惦记着你，孩子会看在眼里、记在心上去学习、去模仿，这种潜移默化的作用是巨大的，也是其他形式不可取代的。

（2）奖罚分明

家长要放弃对孩子的溺爱与纵容，要按照赏罚分明的原则，从生活中的一点一滴做起。例如，毛毛霸占的果脯被他独自吃光了，因为客人曾逗他要品尝，遭到他的拒绝。所以，后来无论他怎样请求，爸爸妈妈都不再给他买，并且告诉他这是对他吃独食的惩罚。后来，家里来了客人，毛毛主动把桌上的水果分给大家，并把他最喜欢的卡通图片拿给小朋友一齐玩，爸妈当着客人的面表扬了儿子，当然客人也对毛毛的表现大加赞赏，这使他非常高兴。事后，爸爸妈妈又鼓励儿子："因为你让大家吃到了好吃的水果，下次家里来客人还要买水果来请你分。还有你能把自己最喜欢的卡通图片拿给小朋友一齐玩，爸爸因此要奖励你一本你最喜欢的《安徒生童话》。"就这样，毛毛吃独食的坏毛病终于改掉了。

（3）从日常生活教起

家庭是个小集体，应从小教育孩子在日常生活中，学会摆正自己与他人和集体的关系，知道好吃的东西不光自己爱吃，别人也爱吃，应该顾及他人。应从日常生活中培养孩子热爱集体、尊敬长辈的优秀品质。当然，对低龄的孩子来说，"顾及他人""关心照顾别人""热爱集体"，似乎难以理解，但是如果这些抽象的内容直观地、感性地与生活中的具体事例联系起来，便成为主动的、具体的、孩子能够理解和接受的内容了。例如，启发引导孩子把好吃的东西送给爷爷奶奶尝尝，吃饭时等大家坐好了一起吃，要把好吃的菜先请爷爷奶奶吃，把自己的糖果送给同伴吃等。当他们的这些行为表现受到父母的肯定、夸奖和赞扬时，孩子内心就会感到高兴，懂得了这些做法是好的、对的，是爸爸妈妈喜欢的，懂得了吃东西时应该怎样顾及别人等。这些良好的行为表现，不断得到强化，逐渐巩固下来，便形成了好习惯。

（4）不要纵容

周家三口人都爱吃桔子，可周妈妈买桔子不按斤数去买，而是按3的倍数去买。晚饭后吃桔子时，妈妈的规矩是叫儿子拿3个桔子，洗净了每人一个。有一次，就剩3个桔子了，儿子没像往常一样把桔子递过来，而是用眼睛看着爸爸妈妈，意思是说：就剩 3 个了，你们俩还吃啊？这时妈妈对爸爸使了个眼色，吃！结果夫妻俩就开始剥桔子吃，爸爸妈妈这边剥桔子，儿子那边就开始流眼泪，心里想："真吃啊，都不留给我，你们真狠心啊！"后来周妈妈对人说："我把这个桔子吃下去了，但一点儿味儿都没吃出来。"但她做得对！现在的孩子不缺两个桔子，缺的是心中有他人。所以，改变孩子吃独食的习惯，就是吃东西一人一份，要把自己的那份有滋有味地吃下去，就是好的教育。

孩子长大的过程是由自然人向社会人发展的过程，是社会化的过程。所谓"社会化"，就是当孩子的心里能想到别人了，他的社会化就开始了，当他能处理好你我他之间的关系，他的社会化就达到了一定的水平。

（5）不要强迫孩子

孩子是很感性的，而且年龄越小对外部环境越敏感。面对大人粗暴的解决问题的方法，他会很聪明地采取应对的方法，下一次他就"学乖了"，学会了违心地与他人共享自己的好东西，因为这样大人才会满足他更多需要。他内心并不是想与别人分享自己的好东西，他也不可能从中体会到分享的快乐，而仅仅是为了取悦大人去获取更多的好处。

如果我们用强力剥夺了孩子喜欢的东西，就会让他从小对暴力充满了向往，这个小小的错误会扭曲孩子的天性，对孩子的成长来说简直就是一场灾难。家长作为一个强势主体，你和孩子并没有站在平等的地位上，这就让孩子从小产生了对强权、对大人的敬畏心理，我们在不知不觉中培养了孩子的奴性。

解决这个问题，一切要顺其自然。当孩子开始集体生活时，刚开始他也许会很自私，这时我们只需告诉他，如果你太自私，你会失去很多东西，失去比你已经获得的更好的东西！但这个时候也不应该干预他的行为。等到很多人不愿意和他交朋友的时候，在他感到困惑、孤独的时候，再去引导他思考：自私换来的是孤独，自己好受吗？我们应该留给孩子思考的机会，并让他自己体会到：原来人生活在这个世界上还需要靠友情、亲情的支撑，而不仅仅是物质。物质只是满足了人最基本的生存需要，如果你想获得更有价值的人生体验，你就应该同时追求一个精神世界。这样让他自己明白原来精神上的满足有时比物质上的满足更能让人感到幸福，明白一个有健全人格的人应该去追求什么。